Exotische Küche

Tibetische Küche

Kochrezepte aus dem Hochland Zentralasiens

Nariman Zeitun

Die Autorin und der Verlag bedanken sich bei allen, die sie mit Rezepten versorgt haben, damit dieses Buch auf dem deutschsprachigen Markt erscheinen konnte.

1. Auflage 2018

Titelbild: Gundula Wagner
Bearbeitung: Mohamad Nader Asfahani
Gestaltung, Herstellung und Satz:

Asfahani Verlag
Hausbrucher Straße 54 / D-21147 Hamburg
Federal Republic of Germany
Telefon (AB) 040-7967951 Fax 040-7967955
Email: info@asfahani.de
Internet: www.asfahani.de

978-3-927459-69-4

Sachregister

Kurze Informationen

Vorspeisen und Beilagen

Soßen und eingelegte Zutaten

Suppen

Vegetarische Gerichte

Gerichte mit Fleisch

Tingmo

Tsampa, Teigspeisen und Getränke

Kapseh

Kurze Informationen

Zutaten aus aller Welt

Agar Agar

Für Vegetarier ist Agar Agar der richtige Ersatz für Gelatine als Speisebindemittel.
Agar Agar wird aus Algen oder Seetang gewonnen und in Pulverform oder als Festmasse angeboten.

Achiote oder Achuete wird auch Annatto genannt.

Samen des Annattobaumes. In Pulverform färbt es die Gerichte rötlich und gibt ihnen einen milden Peperonigeschmack.
Die Samen müssen, bevor man sie verwendet, in heißem Öl gebraten werden. Zerdrückt kann man sie dann in Gerichten verwenden.

Amaranth

Amaranth ist glutenfrei und zählt botanisch zur Familie der Gartenfuchsschwänze. Deshalb wird Amaranth als Pseudogetreide oder Körnerfrucht bezeichnet.
Die Spanier haben diese Pflanze im 16. Jahrhundert nach Europa gebracht. Erst im letzten Jahrhundert hat die westliche Welt den hohen Nährwert des Amaranths wiederentdeckt.
In den Anbaugebieten des Amaranths werden nicht nur die Körner als Nahrungsmittel verzehrt, auch die Blätter werden als Gemüse verwendet.
In Deutschland ist der Amaranth als Zierpflanze bekannt.

Acerola

Süßsaure bis sehr saure 1 bis 3 cm große Kirschen, die nicht mit den üblichen Kirscharten verwandt sind. Diese Sorte wird nicht importiert. Der Import beschränkt sich als Saft zur Herstellung von Speiseeis und Marmelade.

1

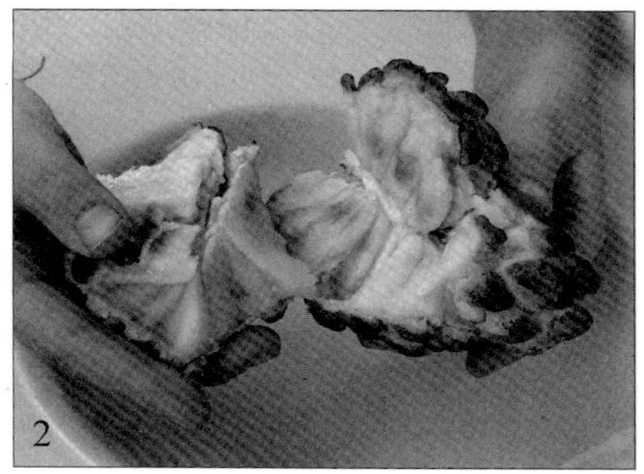
2

Annonen

Diese Obstsorte (Zitrusfrucht) sieht aus wie Artischocken oder große Beeren und hat keinen einheitlichen Namen. Weltweit gibt es über 100 Sorten von Annonen.In Deutschland gibt es 3 bzw. 4 Annonensorten:
Netzannonen, Cherimoya (meist importierte Sorte) und Stachelannonen.

Acke oder Akee (Aki)

Frucht eines immergrünen Baumes, der in den Tropen und Subtropen gedeiht. Die Früchte haben eine gelbrötliche Farbe und schmecken säuerlich (nussartig).

Achtung!!! Bevor man die Akees kocht, sollten die roten Stellen vom Fruchtfleisch entfernt werden.
Vorsicht!!! Unreife und überreife Früchte sind GIFTIG.

Auberginen (Antroewa)

3

Außer den üblichen Angeboten an dunklen Sorten (ca. 20 Sorten), gibt es weiße, gelbe und grüne runde Auberginen. Diese Sorten werden zu bestimmten Jahreszeiten importiert. Grüne Auberginen werden „afrikanische Auberginen" genannt. In manchen Feinkostgeschäften werden sie auch unter dem Namen „*Antroewa*" angeboten.

Arracache

Wurzelgemüse, sieht wie eine längliche Kartoffel aus und hat eine helle Farbe.

Bananen

Tamilische Bananen (PISANG KELING, stammen höchstwahrscheinlich aus Südindien). Die Haut ist normalerweise gepunktet.

Kochbananen, eine flache, breite, stämmige, kurze Banane, sie hat eine grünlich-gelbe Farbe, die sich auch nicht ändert, wenn sie reif ist.

Königsbananen, größer als die üblichen Bananen mit rötlicher Farbe. Roh schmeckt diese Sorte sehr gut. Außerdem wird sie zum Braten benutzt.

Bananenblätter

4

Die großen Blätter werden in vielen asiatischen und afrikanischen Ländern zum einwickeln von Lebensmitteln verwendet, die gekocht oder gebraten werden.

Vor dem Verwenden von Bananenblättern, müssen sie in Wasser eingeweicht werden.

Solche Blätter findet man ab und zu in asiatischen Lebensmittelgeschäften.

Batate (Süßkartoffeln oder weiße Kartoffeln)

Batate werden das ganze Jahr über auf dem deutschen Markt angeboten. Trotzdem ist die Süßkartoffel hierzulande wenig bekannt.

Bohnen

Mungbohnen

Mungbohnen sind in Asien sehr bekannt. In Europa werden sie getrocknet angeboten. Außerdem gewinnt man aus dieser

Sorte Bohnensprossen.
Diese grünen Bohnen werden mehr als alle anderen benutzt um Bohnensprossen zu machen.

Sojabohnen

Es gibt sehr viele Sojabohnensorten, aber es werden nur zwei Sorten zum Kochen verwendet, die gelben und die schwarzen Sojabohnen. Nach dem Kochen sieht die Farbe des Gerichts neutral aus.

Limabohnen oder Butterbohnen

Weiße Bohnensorte, sie enthält giftige Säure, deshalb darf sie nicht roh verzehrt werden. Sie muss gut gekocht werden.

Spargelbohnen

Die Schoten werden bis zu einem Meter lang, aber wenn man sie essen will dürfen die Bohnen innen nicht ganz reif sein. Das ist die beste Bohne zum roh essen.

Bohnenpaste

Bohnenpaste wird aus zerdrückten Sojabohnen, Reismehl und Salz hergestellt. Es gibt verschiedene Sorten, die am meisten verwendeten Sorten sind die gelben und roten Bohnenpasten.

Bohnenquark (Tahu oder Tauhu)

Bekannt als Tofu. Siehe Seite 18.

Bittergurke

Die Bittergurke wird in vielen Länder Asiens und der Karibik als Kochgemüse verwendet.
Die jungen Früchte werden geschält, der Länge nach halbiert und das Kerngehäuse entfernt, dann kann man sie zum Kochen verwenden.

Curryblätter

Bis vor einiger Zeit konnte man diese Blätter in keinem Laden in Deutschland bekommen, aber jetzt bekommt man sie in vielen asiatischen Lebensmittelläden, man kann sie auch in Gewürzhäusern (über das Internet) bekommen. Ein Beutel getrocknete Curryblätter kostet ca. 1,50 Euro.
Der Curryblätterbaum (Murraya) ist ca. 2 bis 4 Meter hoch und wächst in Südostasien.
Die Blätter riechen nach Curry, überlagert von Anis und Zitronengeruch.
Frische Blätter halten sich ca. 2 Wochen im Kühlschrank.
Getrocknete Blätter sind nicht so geschmacksintensiv wie die frischen Blätter, aber sie geben den Gerichten einen exzellenten Geschmack.

Currypulver ist eine Mischung verschiedener Gewürze. Die Zusammensetzung variiert je nach Zubereitung. In den meistens Mischungen findet man Kurkuma, Kümmel, Koriander, Bockshornklee und schwarzen Pfeffer. Curryblätter werden in dieser Mischung nie verwendet. Currypulver wurde von den Engländern im 17. Jahrhundert bekannt gemacht.
Die zwei am häufigsten in Deutschland verwendeten Sorten:
Sorte eins enthält hauptsächlich getrockneten Chili, Kurkuma, Koriander, Kreuzkümmelsamen und Pfefferkörnern.
Sorte zwei enthält hauptsächlich Kurkuma, Pfefferkörnern, Senfkörnern, Kardamomsamen, Zimt, Fenchelsamen und Koriander.

Chayote (Chocho oder Christofine). Kürbisgewächs. In den Herkunftsländern werden nicht nur die Früchte verzehrt, auch die Sprossen und die Blätter werden wie Gemüse gekocht.

Daikon, weiße lange japanische Radieschen.

Durian, wird auch Stink– oder Käsefrucht genannt.
In vielen asiatischen Ländern, in denen diese Fruchtart ver-

kauft wird, darf sie nicht in öffentlichen Verkehrsmitteln (Bus, Bahn, Taxi oder Flugzeug) mitgeführt werden. Auch in Hotels dürfen die Gäste diese Frucht nicht mit ins Zimmer nehmen. Der Grund dafür ist der Geruch, der aus der Frucht strömt. Besser gesagt, es stinkt und man kann es trotz lüften, nicht so schnell aus geschlossenen Räumen entfernen.

Durian sieht wie eine Jackfrucht mit vielen, langen Stacheln aus. Das Innere der Frucht ist in 4 bis 6 Segmente geteilt und jedes Teil besitzt mehrere Samen. Den Geschmack kann man nicht beschreiben.

7

Durian wird als Obst verwendet, sowie in Currygerichten, Marmeladen oder Kuchen.

Ebi sind sehr kleine getrocknete Garnelen, es gibt sie roh oder gekocht.

Essig, Cuca

In Indonesien wird ein Essig (Cuca) benutz der klar und farblos ist. Das ähnlichste in Europa ist destillierter Malzessig. Beim Kochen der indonesischen Rezepte sollten Sie keinen Essig mit Geschmack verwenden.

Fenchel

ADAS ist Fenchel, den wir aus dem Mittelmeerraum und dem Mittleren Osten kennen.

In Indonesien werden die jungen Blätter und Blüten oder der neu gereifte Samen benutzt, nicht die Zwiebel oder der Stamm.

ADAS CINA, Chinesischer Fenchel, Süßer Fenchel.

Galanga aromatische Wurzeln, die getrocknet und gemahlen werden. Galanga kann man in Stücke geschnitten und in getrocknetet Form kaufen. Vor dem Kochen sollte der getrocknete Galanga ca. 15 Minuten in kaltem Wasser eingeweicht werden, danach wird er mitgekocht und vor dem Servieren entfernt.

Garam Masala

Das am meisten verwendete Gewürz der indischen Küche ist eine Mischung aus mehreren gemahlenen Gewürzen. Es wird unter der Bezeichnung „Garam Masala (oder Garam Marsala)" in Lebensmittelläden geführt. Die Gewürzmischung besteht aus:

Koriander, Zimt, Muskat,
Pfefferkörnern, Kreuzkümmel,
Kardamom und Nelken.

Garam Masala wird nach einem bestimmten Rezept hergestellt.

Harissa (Chilipaste) هريسة

Gewürzmischung, besteht aus ca. 20 verschiedenen Gewürzen, darunter frische Chilischoten und Knoblauch.
Harissa bekommt man in arabischen oder nordafrikanischen Lebensmittelläden. Man kann es auch selber zubereiten.

Ingwer

Ingwer, ob frisch, getrocknet oder gemahlen, zählt weltweit zu den bekannteren Gewürzen.
Frischer Ingwer wird geschält und kurz nach dem Kochen in Suppen oder in verschiedene Hauptgerichte gerieben.
Ingwer passt fast in jedes Gericht. Außerdem wird Ingwer als Tee verwendet und vielen Gewürzmischungen beigemischt.

Jackfrucht

Die Jackfrucht ist ein Riese unter den Früchten. Sie kann bis zu 20 kg wiegen. Äußerlich erinnert sie an die Durian mit ihrer stacheligen, hellbraunen, festen Schale.
Das feste, gelbe Fruchtfleisch ist sehr saftig, süß und hat einen Geschmack wie von Bananen. Jedes Segment enthält

einen Kern, der nicht mitgegessen wird. Er wird jedoch gerne geröstet und erinnert dann geschmacklich an eine große Erdnuss. Er kann auch weichgekocht als Snack gegessen werden.

Bevor man die Jackfrucht für das Kochen vorbereitet, sollten die Hände zuerst mit Öl eingerieben werden, da das klebrige Sekret nicht mit Wasser von den Händen gelöst werden kann.

Karawia oder Caraway كراوية

Kümmel, siehe Seite 15

Kemiri (Kerzennüsse)

Diese Sorte ist in Südostasien bekannt. Die Früchte sind ca. 3 cm groß und werden zum Andicken von Soßen verwendet. Ersatzweise kann man Macadamia oder Paranüsse verwenden.

Kokosnuss, Kokosnussmilch (Santen) und Kokosnussöl

Kokosnüsse gibt es überall in Indonesien, sie werden jeden Tag in der Küche benutzt.

Es gibt sie in 3 Reifeprozessen:

Sehr jung,
jung
und ziemlich alt

Die Kokosnüsse, die Europa erreichen sind alle alt.

Sehr jung: kann so jung sein, das das Fleisch mit einem Löffel ausgeschabt werden kann.
Das Kokosnusswasser ist süß, schmeckt köstlich und wird in den Ländern, in denen Kokosnuss wächst, mit dem zarten Fruchtfleisch, welches auf dem Kokosnusswasser schwimmt verkauft.
Bei einer etwas älteren Kokosnuss ist das Fruchtfleisch fest genug, um es zu reiben und daraus Kokosnussmilch (Santen) herzustellen. Das kann man mit einer normalen Käsereibe oder Küchenmaschine erledigen.
Grob geriebene, junge Kokosnüsse kann man in manchen chinesischen oder asiatischen Lebensmittelläden in tiefgefrorener Form kaufen. Kokosnussmilch (Santen) hält sich nicht. Santen muss innerhalb von 24 Std. verbraucht werden. Nach der Herstellung kann sie über Nacht im Kühlschrank aufbewahrt werden, sie kann verdicken wie Sahne, aber schmilzt wieder, wenn sie erhitzt wird. Das kalte Santen in einem Gefäß in ein warmes Wasserbad stellen und gut rühren.
Gerichte, die vor dem Verzehr im Kühlschrank oder Gefrierschrank aufbewahrt werden sollen, müssen ohne Santen aufbewahrt werden. Santen darf erst kurz vor dem Erhitzen und Servieren dazugegeben werden.

Kokosnussöl

Da Kokosnussöl schnell ranzig wird und das Gericht ruinieren kann, sollte man beim Kochen Pflanzenöl verwenden.

Kokosnussmilch - Santen

Ich habe Santen hier mit Kokosnussmilch übersetzt, aber das javanerische Wort ist kürzer und kann nicht missverstanden werden. Santen ist nicht die Flüssigkeit aus der frisch geöffneten Kokosnuss, sondern eine Mischung aus Wasser und den Ölen, die aus geriebenem Kokosnussfleisch ausgepresst werden. Es wird überall in Indonesien benutzt um Soßen anzudicken und Geschmack zu geben. Es wird kein anderes Verdickungsmittel benutzt.
In einigen Rezepten ist Santen die Basis für mehr oder

weniger dicke Soßen, in anderen wird es ganz vom Fleisch beim Kochen aufgenommen und gibt einen delikaten, nussigen Geschmack, der anders nicht zu erreichen ist.
Santen sollte aus frischer Kokosnuss gemacht werden, aber es geht auch sehr gut mit Kokosnussraspeln oder Kokosnuss-sahne.
Um Kokosnussmilch herstellen zu können, muss man zuerst das weiße Fruchtfleisch raspeln oder reiben, um eine Paste herzustellen.

Aufbewahrung von Kokosnüssen

Eine frische Kokosnuss, die man im Supermarkt kauft, ist mindestens einige Wochen alt, aber wenn man sie nicht öffnet, hält sie noch mindestens einen Monat und mehr.
Getrocknete und sahnige Kokosnuss hält sehr lange.

Kreuzkümmel

(andere Namen: Kumin, Stachelkümmel):

Die Pflanze findet man in heißen Ländern (Nordafrika, Naher Osten und Südostasien, vor allem Indien). Die Samen sind länglich, dunkel und haben einen eigenartigen, scharf aromatischen Geschmack.

Kümmel (andere Namen: Mattenkümmel, Wiesenkümmel):
Der Kümmel wächst in Europa (außer England), Persien, der Türkei und Nordafrika.
Die Kümmelsamen sind länglich und haben eine helle Farbe.

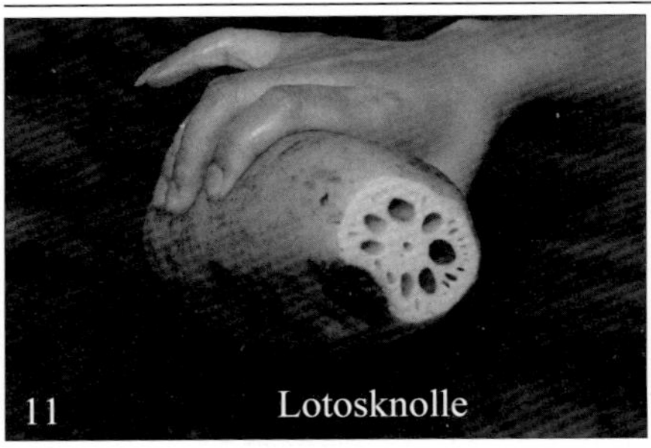
11 Lotosknolle

12

Lotos

In Südostasien wird der Lotos als Nutzpflanze angebaut. Fast alle Bestandteile des Lotos sind essbar (Wurzel, Samen, Blätter und Stängel), daraus werden schmackhafte Beilagen, Gemüsegerichte, Salate und Süßspeisen hergestellt.

Maniok (Cassava, Tapioca) Wurzelgemüse. Maniok enthält giftiges Blausäureglykosid, deshalb darf er nicht roh gegessen werden. Maniok sollte gekocht, geröstet oder gedämpft serviert werden.

Pijibaye (Pfirsichdattel), südamerikanische Datteln. Sie sehen wie große Erdbeeren oder Tomaten aus und finden Verwendung in vielen Gerichten und auch als alkalisches Getränk.

Tapa de Dulce, brauner roher Zucker.

Pandanblätter

Die frischen Blätter zu einem Knoten binden – das erleichtert es, sie später aus den Gerichten zu entfernen – sie können nicht mitgegessen werden. Das typische Aroma lässt sich durch nichts ersetzen.

Pingnudeln

Transparente Nudeln, werden aus Mungbohnen hergestellt.
Vor der Verwendung müssen die Pingnudeln in reichlich heißem Wasser für 15 bis 20 Minuten eingeweicht werden.
Man darf kein kochendes Wasser über die Nudeln geben.
Als Ersatz, können grüne Nudeln verwendet werden.

Quinoa, das Korn der Inka

Quinoa wird auch Inkakorn, Heidenkorn oder Perureis genannt. Sie ist eine der ältesten Kulturpflanzen Südamerikas. Sie war und ist bis heute in den südamerikanischen Anden das wichtigste Nahrungsmittel.

Quinoa zählt zu den Gänsefußgewächsen und ist mit dem Spinat, Mangold und Rote Bete verwandt. Man kann nicht nur die Körner zur Herstellung von Gerichten verwenden, sondern auch die Blätter. Sie werden als Gemüse gegessen. Die Pflanze, die über zwei Meter hoch werden kann, hat je nach Sorte verschiedenfarbige Samen, von weiß bis schwarz. In Deutschland werden meistens die hellen Sorten angeboten.

Die Quinoa wird mühsam mit der Hand geerntet, da die Körner ungleich reifen. Deshalb lohnt sich der konventionelle Anbau nicht.

Terung Celatik

Das sind verschiedene Arten kleiner Auberginen. Sie sind so groß wie kleine Pflaumen und haben verschiedene Farben: weiß, lila, grün oder gelb.

Der Geschmack ist angenehm bitter. Sie werden roh gegessen.

Sojasoße - Kecap

Kecap ist das gleiche Wort wie das englische Ketchup. Aber das Wort Ketchup ist so mit der Tomatensoße verbunden, dass Kecap in chinesischen Restaurants Sojasoße genannt werden muss.

In vielen asiatischen Ländern ist die Sojasoße (Kecap) die Basis für würzige Soßen und Marinaden für eine Vielzahl von Gerichten.

Sojasoßen werden an ihrem Salzgehalt unterschieden.

In unserem Kochbuch haben wir nur 2 Sorten verwendet:

Kecap Asin, sehr salzige Sojasoße. Diese Sorte ist ziemlich hell und klar.

Kecap Manis, milde Sojasoße, enthält braunen Zucker, des-

halb hat diese Soße eine dunkle Farbe.
Gängige Sojasoßen in Deutschland:
Amoy (oder ähnliche Sojasoßen): dunkle Sojasoße
Manis: dunkel/süß
Kikkoman (oder andere Japanische Sojasoßen)
Asin: hell/salzig
Sojasoßen sollten sparsam benutzt werden, auch bei den dunklen Soßen sollte zusätzliches Salz nur mit Vorsicht benutzt werden.

Salamblätter (Daun Salam)

Die sogenannten Indonesischen Lorbeerblätter werden in getrockneter Form verkauft und haben einen anderen Geschmack als die üblichen Lorbeerblätter. Als Ersatz für Salamblätter können beim Kochen Lorbeerblätter verwendet werden.

Tamarinde

Das Wort Tamarinde stammt von dem arabischen tamr-hindi, تمرهندي übersetzt bedeutet dies „Indische Dattel", aber mit Datteln hat Tamarinde nichts zu tun.
Frische Tamarinde, von den harten Samenschalen entfernt, ist braun und klebrig und hat große Samen, die mitgekocht werden. Vor dem Servieren müssen die Samen entfernt werden.
In Europa wird Tamarinde in Blöcken und als Paste verkauft. Im Kühlschrank hält sie lange.

Tahu (Tofu)

Tofu (wird auch Sojabohnenquark genannt). Es wird aus Sojamilch hergestellt.
Tofu besitzt einen sehr hohen Anteil an Eiweiß, deshalb wird Tofu bei Vegetariern als Fleischersatz beim Kochen verwendet.

Tauco

Ist ein Sojabohnenprodukt mit viel Salz. Davon gibt es zwei

Sorten, mit schwarzen und mit gelben Bohnen.
Tauco gibt den Soßen ein starkes Aroma.
Die Bohnen werden zu einer Paste zerstoßen, bevor sie mit den anderen Zutaten gemischt werden.
Tauco gibt es in Dosen zu kaufen als „gesalzene schwarze Bohnen“ oder „gesalzene gelbe Bohnen“.

Tempeh (oder Tempe)

Indonesisches Produkt aus fermentierten Sojabohnen. Der Eiweißanteil beträgt 50%.
Tempeh wird auch Sojabrot genannt.

Terasi (Trasi, Kupi, Balachan, Balachong)

Terasi ist eine dunkelfarbige Paste, die aus Garnelen oder kleinen Fischen hergestellt wird.
Terasi wird in Pulverform oder in trockenen Stücken angeboten.
Sie wird wie normale Fischpaste zum Würzen von vielen Gerichten verwendet.

Ulluco (Olluco, Ocas, Yacon)

Ulluco ist ein Südamerikanisches Wurzelgemüse mit verschiedenen Farben (rot, lila, grün, gelb...). Es wächst in sehr hohen Lagen. Ulluco findet man nicht auf dem Markt. Einige Gärtnereien bieten diese Pflanze an, sie kostet ca. 3,00€.
Ulluco wird in Deutschland von Hobbygärtnern gepflanzt. Mehr Informationen darüber gibt es im Internet.

Zitronengras

Zitronengras oder auch Citronella ist ein strohähnliches Gras mit einem sehr eigentümlichen, zitronenartigen Aroma. Die äußere Schicht wird zusammen mit der strohartigen Spitze entfernt. Nur das untere, helle Drittel der Pflanze wird genutzt. Es wird zum Herstellen von Gewürzpasten oder auch in Kombination mit anderen Gewürzen zur Herstellung von Suppen und Currys gebraucht. Es ist auch für die Herstellung von Tee geeignet. Für Gewürzpasten ist es am besten, die Stängel in dünne Streifen zu schneiden, bevor sie im Mörser zerstoßen werden. Sie lassen sich dann leichter in die Paste einarbeiten. Wenn sie direkt in Suppen und Currys gegeben werden, den dicken Teil zerdrücken, um das Aroma zu verstärken.

Yam und Taro

Als Wurzelgemüse werden Yam und Taro in fast allen Länder verwendet.

Yam
Dhoma, tibetische wilde Yam

Taro

Safranwürfel aus dem Iran.

In Afrika, Asien und Südamerika ist die Okra als Gemüse sehr beliebt

Vorspeisen und Beilagen

Gedämpfte Teigtaschen - Momo

Egal wo man auf dieser Welt hingeht, findet man auf den Märkten und in Restaurants Teigtaschen gefüllt mit verschiedenen Zutaten. Die Herstellung der Teigtaschen ist fast überall gleich, der Unterschied liegt nur in den Zutaten für die Füllung.

Zutaten für den Teig:

2½ Tassen Mehl, sieben
Ca. 3/4 Tasse kaltes Wasser
1/2 bis 1 Teelöffel Salz

So wird es gemacht:

☺ Sieb auf eine Schüssel stellen und das Mehl sieben ➟ Salz und Wasser zum Mehl geben und zu einem Teig verkneten ➟ Teig zudecken und ca. 30 Minuten stehen lassen.

☺ Mehlteig weiter bearbeiten:

① Teig in zwei Teile teilen und jedes Teil zu dünnen, flachen Fladen ausrollen. Dann mit der offenen Seite einer Tasse oder eines Glases Teigkreise aus dem Teig ausstechen (Abb. 17 und 18).

17

18

② Man kann den Teig auch zu mehreren Kugeln formen, dann jede Kugel zur einem flachen, runden Fladen ausrollen.
Man kann die Teigkugeln auch durch eine Nudelmaschine geben und zu dünnen Fladen wälzen.

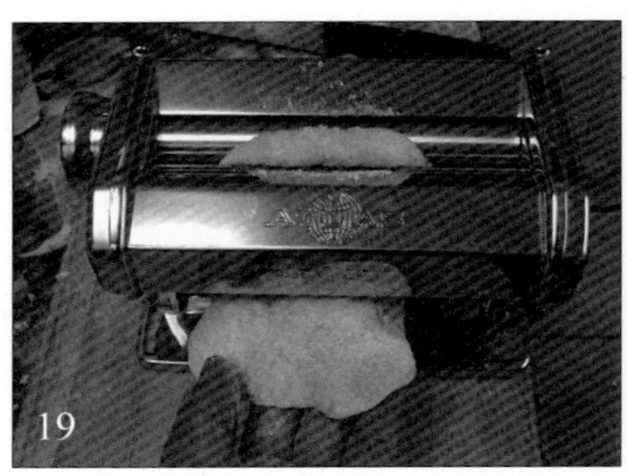

19

Füllungsarten:

Wir haben ein paar Füllungsarten zusammengestellt.

Tofufüllung

1 Block Tofu, in kleine Würfel schneiden
Handvoll frische feine Erbsen
Handvoll grüne Bohnen, Spitzen abschneiden, Fäden abziehen und fein hacken
3 bis 4 Lauchzwiebeln, nur die grünen Teile fein hacken
1 kleine Karotte, schälen, Spitze und Stielansatz abschneiden und fein hacken
1 Knoblauchzehe, schälen, mit etwas Salz in einen Mörser geben und zerdrücken
Geriebene Ingwerwurzel, Menge nach Geschmack
1 Esslöffel Maismehl
Sojasoße
Öl

So wird es gemacht:

☺ Ca. 1 Tasse Wasser in einen Topf geben und zum Kochen bringen ➟ Bohnen, Erbsen und Karotten in das kochende Wasser geben, ca. 1 Minute brodeln lassen, dann in ein Sieb geben und abtropfen lassen.
☺ Etwas Öl in einer Pfanne erhitzen ➟ Knoblauchpaste, Ingwer und Lauchzwiebeln kurz im heißen Öl dünsten ➟ Erbsen, Bohnen, Karotten und etwas geriebene Ingwerwurzel in die

Pfanne geben und gut vermengen ➟ Etwas Sojasoße darüber geben, umrühren und kurz braten ➟ Pfanne vom Herd nehmen, Füllung abschmecken, kalt stellen und danach die Teigtaschen füllen (siehe Seite 27 und 28). Ca. 8 bis 10 Minuten dämpfen.

✿✿✿✿✿✿✿✿✿✿

Fleischfüllung

250 g mageres Rindfleisch, in feine Würfel schneiden. Ersatzweise Hackfleisch
2 Schalotten, schälen und fein hacken
2 bis 3 gehackte Korianderblätter
1 Esslöffel gehackte Petersilie
1 Bund Lauchzwiebeln (4 bis 5 Stangen), nur die weißen Teile hacken
Folgende Zutaten in einem Mörser mit etwas Salz zerdrücken:

- 1 Knoblauchzehe, schälen und zerkleinern
- 1/2 cm geschälte Ingwerwurzel
- 1/4 Teelöffel (oder weniger) Chilipulver

2 Teelöffel Sojasoße
Salz
Pfeffer
Öl

So wird es gemacht:

☺ Alle Zutaten in eine Schale geben und gut vermengen ➟ ca. 10 bis 15 Minuten stehen lassen.

☺ Etwas Öl in einer Pfanne erhitzen ➟ Fleischmischung in das heiße Öl geben und braten, bis die Flüssigkeit verdampft ist und das Fleisch Farbe angenommen hat ➟ salzen und pfeffern ➟ Pfanne vom Herd nehmen, abkühlen lassen, danach die Teigfladen damit füllen (siehe Seite 27 und 28) und ca. 10 Minuten dämpfen.

✿✿✿✿✿✿✿✿✿✿

Käsefüllung

Zutaten:

Ca. 200 g geriebener Käse, Sorte nach Belieben
150 g Blattspinat, fein hacken
2 Schalotten, schälen und fein hacken
2 bis 3 Stangen Lauchzwiebeln, Stielansätze abschneiden und hacken
1 bis 2 Knoblauchzehen, schälen und mit etwas Salz zerdrücken
1/2 cm geschälte Ingwerwurzel, fein hacken oder reiben
Chilisoße, Menge nach Geschmack
1 bis 2 Esslöffel Sojasoße
Öl
Salz
Pfeffer

Vermerk:
Man kann auch andere Blattgemüsesorten verwenden oder Pilze, die man fein hackt.

So wird es gemacht:

☺ Etwas Öl in einer tiefen Pfanne erhitzen ➟ Schalotten im heißen Öl glasig dünsten, dann die restlichen Zutaten, außer Spinat dazugeben und kurz dünsten ➟ Spinat untermengen und dünsten, bis er weich ist ➟ mit Salz und Pfeffer abschmecken und Pfanne vom Herd nehmen ➟ Käse darüber geben und gut vermengen, dann die fertigen Teigfladen damit füllen und ca. 5 Minuten dämpfen (siehe Seite 27 und 28).

❁❁❁❁❁❁❁❁❁❁

Kartoffelfüllung

Zutaten:

4 bis 5 mittelgroße Kartoffeln, schälen und vierteln
2 bis 3 Esslöffel Erbsen
1 Bund Lauchzwiebeln, Stielansätze abschneiden, gewelkte Blätter entfernen und hacken
1 Zwiebel oder Schalotte, schälen und fein hacken
2 Esslöffel gehackte Petersilie
1 Esslöffel gehackter Koriander
Salz
Pfeffer
Butter oder Öl

So wird es gemacht:

☺ Kartoffeln in Salzwasser zum Kochen bringen ➟ wenn die Kartoffeln fast gar sind, Erbsen dazugeben und kochen lassen, bis sie gar sind ➟ Kartoffeln und Erbsen in ein Sieb geben, abtropfen und abkühlen lassen.

☺ Etwas Butter oder Öl in einer tiefen Pfanne erhitzen ➟ Zwiebeln dazugeben und kurz dünsten, dann die gehackten Lauchzwiebeln untermengen und weich dünsten ➟ Petersilie und Koriander untermengen, salzen und pfeffern und die Pfanne vom Herd nehmen.

☺ Die abgekühlten Kartoffeln und Erbsen mit einer Gabel pürieren, zu den Zwiebeln geben, gut vermengen und damit die Teigfladen füllen (siehe Seite 27 und 28).

❁❁❁❁❁❁❁❁❁❁

Gemüsefüllung

Zutaten:

Gemüse, je 1 Handvoll:
- Blumenkohl, zerkleinern
- Grüne Bohnen, Spitzen und Stielansätze abschneiden und fein hacken
- Taro, in feine Würfel schneiden
- Frische oder tiefgefrorene Erbsen

1 Schalotte, schälen und fein hacken
1 kleine rote Zwiebel, schälen und fein hacken
2 bis 3 Stangen Lauchzwiebeln, fein hacken
Folgende Zutaten mit etwas Salz zerdrücken:
- 1 bis 2 Knoblauchzehen, schälen und hacken
- 1/2 cm Ingwerwurzel, schälen und zerkleinern
- 1/4 Teelöffel mildes Paprikapulver
- Etwas Chilipulver (Menge nach Geschmack)

Sojasoße
Salz
Pfeffer
Öl

So wird es gemacht:

☺ Gemüse in kochendes Wasser geben und kurz blanchieren, dann in ein Sieb geben und abtropfen lassen.
☺ Etwas Öl in einer Pfanne erhitzen ➟ Zwiebeln und Schalotten im heißen Öl glasig dünsten, Knoblauchpaste und Lauchzwiebeln untermengen und kurz dünsten ➟ Gemüse untermengen, mit Sojasoße, Salz und Pfeffer abschmecken, dann 1 bis 2 Minuten bei schwacher Hitze dünsten ➟ Pfanne vom Herd nehmen, abkühlen lassen und die Teigfladen damit füllen und ca. 8 bis 10 Minuten dämpfen (siehe Seite 28).

✿✿✿✿✿✿✿✿✿✿✿

Teigtaschen füllen und dämpfen

☺ Teig herstellen und die Teigtaschen zum Füllen vorbereiten, siehe Seite 21.

Die Füllung auf den Teigtaschen verteilen, dann jede Teigtasche wie auf Bild 21 bis 24 formen und die Spitzen zusammendrücken.

Abb. 20: Füllung in die Mitte geben.

Abb. 21 bis 24:

Die Seiten hochklappen, in der Mitte zusammendrücken und etwas drehen, damit die Taschenspitzen beim Dämpfen nicht aufgehen.

Wenn die Teigtaschen fertig gefüllt sind, legt man ein paar Teigtaschen in einen Dampfkochtopf und gart die Taschen für ca. 10 Minuten.

Gedämpfte Teigtaschen werden mit Soßen serviert.

25

26

Vermerk:

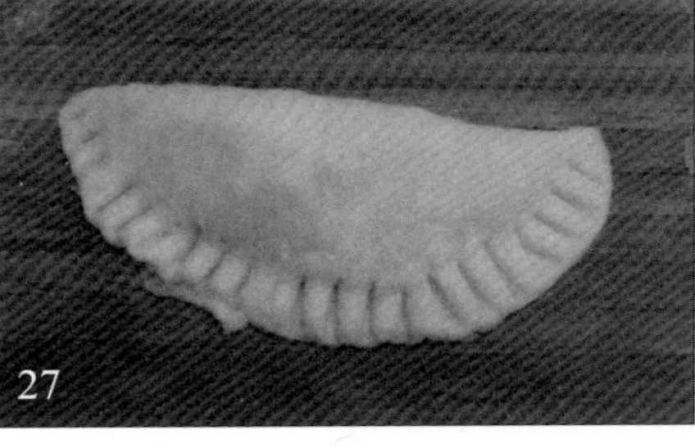
27

① Man kann den Teigfladen eine andere Form geben (Abb. 27) als die, die auf Seite 27 gezeigt wird (siehe auch Seite 123).

② Um die gefüllten Teigtaschen dämpfen zu können, braucht man keinen extra Dampfkochtopf. Man kann die Taschen mit einem normalen Topf und einem Sieb dämpfen (siehe Abbildung 25 und 26):

1 bis 2 Tassen Wasser in einen Topf geben ➞ Sieb in den Topf hängen (das Sieb darf nicht mit dem Wasser in Berührung kommen) ➞ die gefüllten Teigtaschen in das Sieb geben ➞ Topf zudecken und Wasser zum Kochen bringen, dann bei mittlerer Hitze dämpfen.

❁❁❁❁❁❁❁❁❁❁

Gebratene Teigtaschen

Shapale oder Shapalep oder Shapaley

Zutaten für den Teig:

2½ Tassen Mehl, sieben
Ca. 3/4 Tasse kaltes Wasser
1/2 bis 1 Teelöffel Salz

So wird es gemacht:

☺ Sieb auf eine Schüssel stellen und das Mehl sieben ➞ Salz und Wasser zum Mehl geben und zu einem Teig verkneten ➞ Teig zudecken und ca. 30 Minuten stehen lassen.

Füllungsarten:

Wie bei den Momos, Seite 22 bis 26

So wird es gemacht:

☺ Teig in kleine Teile teilen und jedes Teil zu einem dünnen, flachen Fladen ausrollen (Durchmesser von ca. 10 cm).

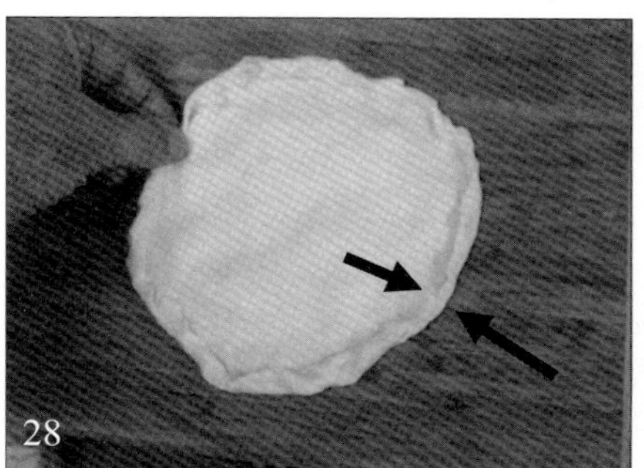
28

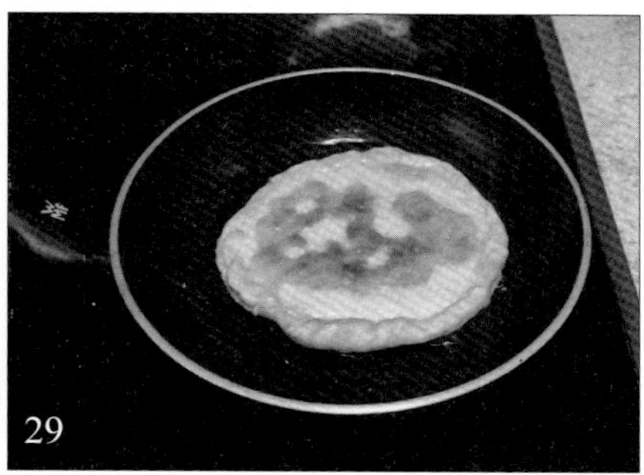
29

☺ 2 bis 3 Esslöffel Füllung auf einen Fladen geben und auf der Fläche verteilen, dann einen anderen Fladen darauf geben und den Rand der beiden Fladen zusammendrücken (Abb. 28) damit beim Braten keine Füllung auslaufen kann ➞ Etwas Öl in einer Pfanne erhitzen und die gefüllten Fladen von beiden Seiten goldbraun braten ➞ heiß mit Salat und Soße servieren.

Gefüllte Teigfladen

Zutaten für den Teig:

2 Tassen Mehl, sieben
Ca. 2 Tassen Wasser
1 Teelöffel Backpulver
Salz
Öl

So wird es gemacht:

☺ Alle Zutaten in eine Schale geben, gut verrühren, Schale zudecken und 1 bis 2 Stunden stehen lassen. Vor dem Gebrauch gut verrühren.

Zutaten für die Füllung:

Die gefüllten Teigfladen sind ähnlich wie Crêpe.
Für die Füllung können fast alle Gemüse- oder Fleischsorten verwendet werden.

Fleischfüllung

250 g mageres Fleischstück, in feine Würfel schneiden und in eine Schale geben, 1 Esslöffel Sojasoße darüber geben, gut vermengen und beiseitestellen
1 bis 2 Lauchzwiebeln, gewelkte Blätter entfernen und nur den weißen Teil hacken
Eventuell Salz
1/4 Teelöffel Garam Masala (indische Gewürzmischung)
Öl

So wird es gemacht:

☺ Etwas Öl in einer tiefen Pfanne erhitzen ➡ Fleischstücke dazugeben und braten, bis die Flüssigkeit verdampft ist ➡ Lauchzwiebeln, Gewürze und Salz dazugeben, gut vermengen und köcheln lassen, bis das Fleisch gar ist ➡ Pfanne vom Herd nehmen und warm halten.

Grundrezept mit Gemüse - Thing alla

Ein paar Blumenkohlröschen, zerkleinern
1 bis 2 Karotten, schälen, vierteln und in dünne Streifen schneiden
1 kleine rote Zwiebel, schälen und in dünne Streifen schneiden
1 Stange Lauch oder ein paar Lauchzwiebeln, gewelkte Blätter entfernen, die grünen Teile abschneiden und nur die weißen Teile fein hacken
Handvoll Zuckererbsen, in dünne Streifen scheiden
Geriebener Ingwer, Menge nach Geschmack
1 kleine Knoblauchzehe, schälen und mit etwas Salz zerdrücken
Salz
Pfeffer
Prise Chilipulver
Eventuell Sojasoße, Menge nach Geschmack
Öl

Extrazutaten für die Gemüsefüllung:

50 g Glasnudeln, vor dem Gebrauch 20 bis 30 Minuten in heißem Wasser einweichen oder den Herstelleranweisungen folgen. Pilze, in dünne Streifen schneiden und dünsten

So wird es gemacht:

☺ Blumenkohl, Karotten und Zuckererbsen kurz in kochendem Wasser blanchieren, in ein Sieb geben und abtropfen lassen.

☺ Etwas Öl in einer tiefen Pfanne erhitzen → Zwiebeln im heißen Öl glasig dünsten, Knoblauchpaste, Lauch, Gewürze und eventuell Sojasoße dazugeben, gut vermengen und dünsten bis der Lauch fast gar ist, dann das Gemüse untermengen und weiter dünsten, bis das Gemüse gar ist. Eventuell die eingeweichten Glasnudeln und/oder die gedünsteten Pilze untermengen.

Teigrollen fertigstellen und füllen:

☺ Eine flache Pfanne mit sehr wenig Öl bepinseln und die Herdplatte auf mittlere Hitze stellen → ein paar Löffel Teig in die Pfanne geben, die Oberfäche glätten und von beiden Seiten ein paar Minuten garen.

☺ Gebratene Fladen auf einen Teller geben, Füllung in der Mitte verteilen, dann die Fladen rollen und mit Salat oder Soße servieren.

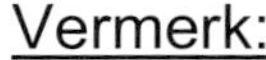
Vermerk:

Die gebratenen Fladen können auch ohne Füllung als Beilage zu Hauptgerichten serviert werden.

Gewürzte Hähnchenstücke

Zutaten:

500 Hähnchenbrust, in kleine Stücke schneiden
2 Esslöffel Joghurt
3 bis 4 Esslöffel Sojasoße
Folgende Zutaten mit etwas Salz zerdrücken:
  1 Knoblauchzehe, schälen und vierteln
  1/2 cm Ingwerwurzel, schälen
  Prise Chilipulver
1 Teelöffel Paprikapulver
Salz
Pfeffer
Öl, zum Braten

So wird es gemacht:

☺ Alle Zutaten (außer Öl) in eine Schale geben und gut vermengen, Schale zudecken und ca. 1 Stunde stehen lassen.
☺ Öl in einer tiefen Pfanne erhitzen ➟ Eingelegte Hähnchenstücke in das heiße Öl (nicht alle auf einmal) geben, knusprig braten und heiß mit Soße servieren.

✼✼✼✼✼✼✼✼✼✼

Gewürzte Fleischstreifen

Zutaten:

250 g mageres Fleischstück
1 kleine Knoblauchzehe, schälen und fein hacken oder mit etwas Salz zerdrücken
1 kleine rote Zwiebel, schälen und in Streifen schneiden
Chilipulver, Menge nach Geschmack
1/2 Teelöffel mildes Paprikapulver
3 bis 4 Esslöffel Sojasoße
Öl, zum Braten

So wird es gemacht:

☺ Fleischstück in sehr dünne Streifen schneiden und in eine Schale geben, die restlichen Zutaten (außer Öl) dazugeben, gut vermengen und ca. 1 Stunde ziehen lassen.
☺ Öl in einer Pfanne erhitzen ➡ Fleischstücke aus der Marinade nehmen, kurz abtropfen lassen, im heißen Öl knusprig braten und heiß servieren.

✿✿✿✿✿✿✿✿✿✿

Gebratene Rippchen

Zutaten:

500 g Rippchen
1 Zwiebel, schälen und in Scheiben oder Streifen schneiden
1 bis 2 Knoblauchzehen, schälen und hacken oder mit etwas Salz zerdrücken
1 cm Ingwerwurzel, schälen und hacken
1 Teelöffel mildes Paprikapulver
Chilipulver, Menge nach Geschmack oder ein Stück gehackte, frische Chilischote
3 bis 4 Esslöffel Sojasoße
Eventuell Salz

Öl, zum Braten

So wird es gemacht:

☺ Alle Zutaten, außer Rippchen und Öl in eine Schale geben und zu einer Marinade verrühren ➟ Rippchen in die Marinade geben, gut vermengen und ein paar Stunden stehen lassen. Zwischendurch die Rippchen wenden.

☺ Öl in einer Pfanne erhitzen ➟ Rippchen aus der Marinade nehmen, im heißen Öl von beiden Seiten braten und mit Soße servieren.

❁❁❁❁❁❁❁❁❁❁

Reis kochen - Dey Grundrezept

Zutaten:

1 Tasse Langkornreis, waschen, in ein Sieb geben und abtropfen lassen
2 Tassen kaltes Wasser
1 Teelöffel Salz

So wird es gemacht:

☺ Wasser, Reis und Salz in einen Topf geben, Topf zudecken und kurz zum Kochen bringen, dann bei schwacher Hitze ca. 15 bis 20 Minuten garen ➟ Reis mit einer Gabel lockern und heiß zu Hauptgerichten servieren.

❁❁❁❁❁❁❁❁❁❁

Reis mit Gewürzen

Zutaten:

1 Tasse Langkornreis, waschen und abtropfen lassen
1 kleine Zwiebel, schälen und fein hacken
1 kleines Stück Zimtstange
1 Kardamomkapsel, anschneiden
1 bis 2 Lorbeerblätter
Ein paar Pfefferkörner, etwas zerdrücken
2 Tassen Wasser
1 Teelöffel Salz
Ein paar Esslöffel Öl

So wird es gemacht:

☺ Öl in einem Topf erhitzen, Zwiebeln dazugeben und glasig dünsten ➟ Reis zu den Zwiebeln geben und braten, bis die Reiskörner etwas Farbe annehmen, dabei umrühren ➟ die restlichen Zutaten zum Reis geben, umrühren, Topf zudecken und kurz zum Kochen bringen, dann bei schwacher Hitze ca. 15 bis 20 Minuten köcheln lassen, bis der Reis gar und trocken ist ➟ Kardamomkapsel, Lorbeerblätter und Zimtstange entfernen, den Reis mit einer Gabel lockern und heiß zu Hauptgerichten servieren.

❁❁❁❁❁❁❁❁❁❁

Gedämpfter Rettich
Labtak

Zutaten:

250 g Rettich, falls möglich Japanischer Rettich „Daikon“, Stielansätze abschneiden, schälen, der Länge nach in dünne Streifen schneiden dann die Streifen in ca. 2 cm Stücke schneiden
1 Tomate, vierteln
1 Zwiebel, schälen und vierteln
Folgende Zutaten mit etwas Salz zerdrücken:
  2 Knoblauchzehen, schälen und vierteln
  2 cm Ingwerwurzel, schälen und zerkleinern
Salz
Pfeffer. Falls möglich „Chinesischer Pfeffer“
1Tasse Brühe, siehe Seite 48 und 49
Öl oder Butter

So wird es gemacht:

☺ Rettich, Tomaten, Zwiebel, Knoblauchpaste, Salz und Pfeffer in einen Topf geben, mit Brühe und eventuell Wasser bedecken und kurz zum Kochen bringen, dann bei mittlerer Hitze kochen lassen, bis der Rettich gar ist ➟ Rettichstücke aus der Brühe nehmen, in ein Sieb geben und abtropfen lassen.

☺ Etwas Öl oder Butter in einer Pfanne erhitzen ➟ die abgetropften Rettichstücke in das heiße Öl geben und braten, bis sie etwas Farbe annehmen, aus der Pfanne nehmen und kalt oder warm als Beilage zu Hauptgerichten oder Suppen servieren.

✿✿✿✿✿✿✿✿✿✿

Hausgemachter Joghurt - Sho

Zutaten:

1 Liter Frischmilch
ca. 50 g Joghurt

So wird es gemacht:

☺ Frischmilch in einem Topf kochen ➟ auf ca. 35°C abkühlen lassen ➟ etwas Milch zum Joghurt geben und gut verrühren ➟ zur Milch geben und umrühren ➟ Topf zudecken und in ein großes Tuch einschlagen ➟ an einen warmen Platz stellen ➟ über Nacht stehen lassen (ca. 15 bis 17 Stunden)

❁❁❁❁❁❁❁❁❁❁❁

Hausgemachter Käse
Chura Loenba

Zutaten:

1 Liter Milch
1/4 Tasse Joghurt, Buttermilch oder 3 Esslöffel Zitronensaft

So wird es gemacht:

☺ Milch und Buttermilch oder Joghurt in einen Topf geben, umrühren und bei starker Hitze zum Kochen bringen, darauf achten, dass die Milch nicht überkocht, dann ca. 4 bis 5 Minuten brodeln lassen, bis die Milch geronnen ist.

35

Falls man Zitronensaft verwendet, Milch zum kochen bringen, dann Zitronensaft dazugeben, umrühren und 4 bis 5 Minuten brodeln lassen.

36

37

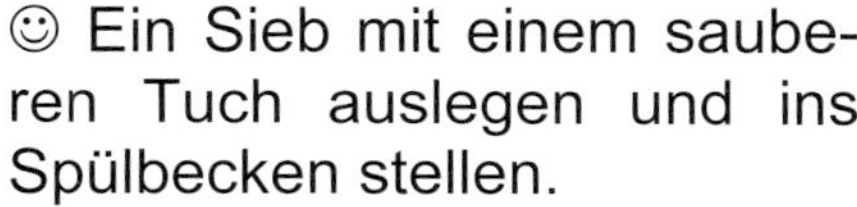

☺ Ein Sieb mit einem sauberen Tuch auslegen und ins Spülbecken stellen.

Die geronnene Milch in das Sieb schütten und abtropfen lassen, ins Tuch wickeln, einen schweren Gegenstand (zum Beispiel einen Topf mit Wasser) darauf stellen und stehen lassen, bis alle überschüssige Molke abgeflossen ist. Dies kann bis zu 6 Stunden dauern.

Wenn der Käse schnittfest ist, aus dem Tuch nehmen und weiter verwenden.

☺ Weißer Käse ist, wenn er in einer Plastikdose oder in Folie verpackt ist, im Kühlschrank 3 bis 4 Tage haltbar.

38

39

❁❁❁❁❁❁❁❁❁❁

Soßen und eingelegte Zutaten

Hausgemachte Chilisoße (sehr scharf) Martza (Martsa oder Sibeh)

Zutaten:

3 verschiedene, kleine Chilischoten, 2 frische und 1 getrocknete, Stielansätze entfernen, der Länge nach halbieren, Samen entfernen und grob hacken
1 kleine Knoblauchzehe, schälen und zerkleinern
1/2 Teelöffel Cayennepfefferpulver
1/4 Teelöffel Kurkumapulver
Ein paar Esslöffel Olivenöl
Salz
Gekochtes Wasser

Vermerk:

Bevor Sie die Chilis anfassen, ziehen Sie bitte Gummihandschuhe an, damit wird verhindert, dass ätherische Öle Ihnen Hautjucken verursachen. Außerdem berühren Sie nicht Ihre Augen während des Arbeitens mit Chili,
Chili nur mit kaltem Wasser waschen. Durch heißes Wasser können bei getrocknetem Chili Dämpfe entstehen, die die Augen und Schleimhäute reizen.

So wird es gemacht:

☺ Alle Zutaten, außer Öl und Wasser, in eine Küchenmaschine geben und pürieren ➡ nach und nach Öl dazugeben und weiter pürieren ➡ heißes Wasser (ca. 1/2 Tasse) nach und nach zum Chilipüree geben und weiter rühren, bis eine weiche Masse entsteht ➡ Chilisoße in ein verschließbares Glas geben und im Kühlschrank aufbewahren.
Chilisoße wird zu verschiedenen Hauptgerichten serviert.

✤✤✤✤✤✤✤✤✤✤✤

Rote Chilisoße

Zutaten:

2 bis 3 rote, lange getrocknete Chilischoten, Stielansätze abschneiden, der Länge nach halbieren, Samen entfernen und grob hacken
1 kleine Tomate, halbieren, Samen entfernen und grob hacken
2 bis 3 Knoblauchzehen, schälen und vierteln
1/2 Teelöffel mildes Paprikapulver
3 bis 4 Esslöffel Schimmelkäse
Salz
3/4 Tasse Wasser
Ein paar Esslöffel Olivenöl

So wird es gemacht:

☺ Chili, Knoblauch, Käse, Salz, Tomaten und Öl in eine Küchenmaschine geben und pürieren, Wasser nach und nach dazugeben und weiter pürieren, bis die Masse gut vermengt ist ➡ zu Hauptgerichten servieren.

✤✤✤✤✤✤✤✤✤✤✤

Scharfe Käsesoße

Zutaten:

2 Esslöffel Schimmelkäse. Ersatzweise weißer Weichkäse
Ein paar kleine Chilis, anschneiden
2 bis 3 Knoblauchzehen, schälen, mit etwas Salz in einem Mörser zerdrücken
Ca. 1/2 Tasse Wasser
Salz
Pfeffer

So wird es gemacht:

☺ Wasser, Käse, Knoblauch, Salz und Pfeffer in eine Schale geben und gut verrühren, Chilischoten untermengen und ein paar Stunden stehen lassen, vor dem Servieren gut vermengen.

✤✤✤✤✤✤✤✤✤✤

Scharfe Joghurtsoße

Zutaten:

1 Tasse Joghurt
1 kleine Tomate, Haut abziehen, halbieren, Samen entfernen und grob hacken (siehe Seite 40)
2 kleine Chilischoten, Stielansätze abschneiden, der Länge nach halbieren, Samen entfernen und grob hacken
1 bis 2 Knoblauchzehen, schälen und vierteln
1/2 Bund Koriander, nur die Blätter verwenden
Salz

So wird es gemacht:

40

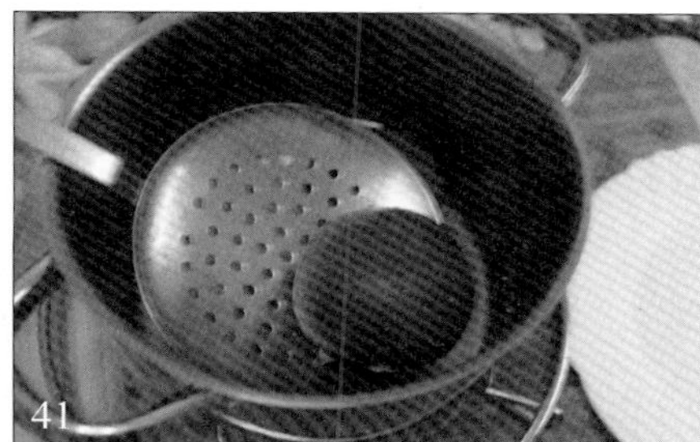
41

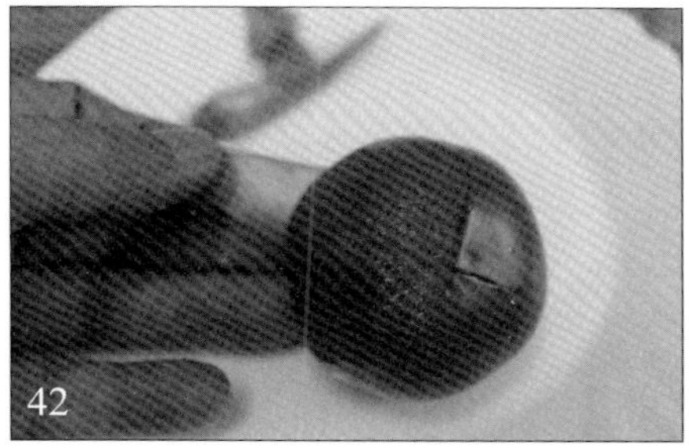
42

☺ **Tomaten häuten:**

① Tomatenhaut mit einem Messer anritzen, in einen Topf geben, mit kochendem Wasser überbrühen und kurz im Wasser stehen lassen.

② Tomaten mit einem Schaumlöffel aus dem Topf nehmen, kurz unter kaltes Wasser halten, danach Haut abziehen.

③ Tomaten halbieren, Samen entfernen und grob hacken.

☺ Alle Zutaten in eine Küchenmaschine geben und pürieren. Falls die Masse sehr dickflüssig ist, etwas Wasser dazugeben und zu Hauptgerichten servieren.

✤✤✤✤✤✤✤✤✤✤✤

Variante 2
Raita

Zutaten:

1 Tasse Joghurt
Chilipaste (Menge nach Geschmack)
1/2 Bund Pfefferminze, nur die Blätter verwenden

So wird es gemacht:

☺ Pfefferminzblätter in einem Mörser zerdrücken.
Joghurt, Chilipaste und Pfefferminzpaste in eine Schale geben, gut vermengen, mit Chilipaste abschmecken und zu Gemüse- oder Hähnchencurry servieren.

Vermerk:
Diese Variante kann auch ohne Chili hergestellt werden, nur mit etwas Salz abschmecken.

✽✽✽✽✽✽✽✽✽✽✽

Tomaten-Chutney
Achar

Zutaten:

2 große Tomaten, hacken
6 Knoblauchzehen, schälen und fein hacken
1 rote Zwiebel, schälen und fein hacken
2 cm Ingwerwurzel, fein hacken
je 1/2 Teelöffel Salz und Kurkuma
2 Chilischoten (Schärfe nach Geschmack), Stielansätze abschneiden, halbieren, Samen entfernen und fein hacken
2 Esslöffel Olivenöl

So wird es gemacht:

☺ Öl in einer Pfanne erhitzen ➡ Kurkuma, Ingwerwurzel, Chili, Knoblauch und Zwiebeln untermengen und dünsten, bis sie Farbe annehmen ➡ Tomaten und Salz dazugeben und gut vermengen, dann bei schwacher Hitze 10 bis 15 Minuten köcheln lassen, bis eine dicke Soße entstanden ist ➡ falls nötig, etwas Wasser dazugeben ➡ mit Brot oder Reis servieren.

✻✻✻✻✻✻✻✻✻✻

Rettich-Chutney

Zutaten:

1 Tasse zerkleinerter Rettich (Am besten Japanischer Rettich „Daikon")
1/4 Tasse Sesamkerne
1 Esslöffel Zitronensaft
1/4 Teelöffel Kurkuma
1 Esslöffel Öl
1/4 Teelöffel Salz
1/8 Teelöffel Chilipulver

So wird es gemacht:

☺ Rettich ca. 5 Minuten in Salzwasser kochen, in ein Sieb geben und abtropfen lassen.

☺ Sesamkerne in einer Pfanne ohne Öl oder Fett rösten ➡ in einen Mörser geben und zerstampfen.

☺ Sesampulver, Chili, Salz und Zitronensaft zum Rettich geben und gut vermengen ➡ Öl in einer Pfanne erhitzen ➡ Rettichmasse kurz im heißen Öl dünsten, Kurkuma untermengen und servieren.

✻✻✻✻✻✻✻✻✻✻

Pfefferminz-Chutney

Zutaten:

1 Tasse Pfefferminzblätter, waschen und abtropfen lassen
2 Knoblauchzehen, schälen und grob hacken
1 Chilischote, Stielansatz abschneiden, der Länge nach halbieren, Samen entfernen und hacken
1 Esslöffel Öl
1/2 Teelöffel Kurkuma
Saft einer Zitrone
1/2 Teelöffel Bockshornkleesamen

So wird es gemacht:

☺ Pfefferminzblätter und Knoblauch in einem Mörser zerstampfen ➟ gehackte Chilischote und Salz dazugeben und zu einer Paste zerdrücken ➟ Zitronensaft dazugeben und gut vermengen ➟ Öl in einer Pfanne erhitzen ➟ Bockshornkleesamen dazugeben und braten, bis die Samen eine dunkle Farbe annehmen ➟ Kurkuma darüber geben und kurz braten ➟ zu der Paste geben ➟ gut vermengen und servieren.

✾✾✾✾✾✾✾✾✾✾

Mango-Chutney

Zutaten:

3 Mangos (ca. 500 g)
1/4 Tasse Zucker
je 1 Esslöffel:
- Koriander
- Anissamen
- dunkle Senfkörner

je 1 Teelöffel:
- Kurkuma
- Senfkörner
- Petersiliensamen
- Chilipulver
- Salz

Ein kleines Stück Tamarinde, mit den Fingern zerdrücken
1/2 Teelöffel Bockshornkleesamen
1/2 Tasse Öl

So wird es gemacht:

☺ Mangos waschen und abtrocknen ➟ halbieren, Kerne entfernen, schälen, würfeln oder in Scheiben schneiden ➟ mit Salz, Tamarinde und Kurkuma gut vermengen ➟ einen Tag stehen lassen.

☺ Senfkörner und Chili in einem Mörser zerstampfen ➟ alle anderen Zutaten (außer Mango und Bockshornkleesamen) dazugeben und erneut stampfen ➟ zu den Mangos geben und gut vermengen ➟ Öl in einer Pfanne erhitzen ➟ Bockshornkleesamen dazugeben und braten, bis die Samen eine dunkle Farbe annehmen ➟ über die Mangomischung geben ➟ gut mischen und servieren.

✤✤✤✤✤✤✤✤✤✤

Suppen

Gemüsebrühe

Zutaten:

1 bis 2 Karotten, vierteln
1 kleine Zwiebel, schälen und halbieren
1 Knoblauchzehe, schälen
1 Stange Lauch, Stielansatz abschneiden, den grünen und weißen Teil vierteln
1/2 Bund Petersilie, grob zerkleinern, auch die Stiele verwenden
1 Stück Sellerie, grob hacken
1/2 Teelöffel mildes Paprikapulver
Salz
Pfeffer
1 Prise Chilipulver
1/2 cm Ingwerwurzel, grob hacken
Etwas Nelkenpulver oder ein paar ganze Nelken
4 bis 5 Tassen Wasser

So wird es gemacht:

☺ Alle Zutaten und Wasser in einen Topf geben und ca. 20 bis 30 Minuten bei mittlerer Hitze kochen lassen und abschmecken ➠ die Brühe sieben, abkühlen lassen und im Kühlschrank aufbewahren.
Die Brühe kann statt Wasser für viele Gerichte verwendet werden.

Vermerk:
In vielen asiatischen und afrikanischen Ländern verwendet man beim Kochen fertige Brühe in Würfelform.

☆☆☆☆☆☆☆☆☆☆☆

Fleischbrühe

Zutaten:

1 Markknochen
1 cm Ingwerwurzel, grob hacken
3 Knoblauchzehen, schälen und halbieren
1/2 Bund Petersilie, grob hacken auch die Stiele verwenden
Salz
Pfeffer. Falls möglich „Szechuan Pfeffer“

So wird es gemacht:

☺ Alle Zutaten in einen Topf geben und brodeln lassen, dann bei mittlerer Hitze ca. 20 Minuten kochen lassen ➟ Brühe abschmecke, sieben und in einer Schale auffangen.
Fleischbrühe kann für viele Gerichte und Suppen verwendet werden.

Vermerk:
In vielen asiatischen und afrikanischen Ländern verwendet man beim Kochen fertige Brühe in Würfelform.

☆☆☆☆☆☆☆☆☆☆☆

Kartoffelsuppe

Zutaten:

250 g kleine Kartoffeln, waschen
3 bis 4 Lauchzwiebeln, Stielansätze abschneiden, gewelkte Blätter entfernen und die grünen und weißen Teile hacken
1 Esslöffel Rosmarin
1 kleine rote Zwiebel, schälen und fein hacken
2 bis 3 Knoblauchzehen, schälen und fein hacken oder mit etwas Salz zerdrücken
1/2 cm Ingwerwurzel, schälen und fein hacken
1 kleine scharfe Chilischote, Stielansatz abschneiden, der Länge nach halbieren, Samen entfernen und fein hacken. Ersatzweise Chilipaste, Menge nach Geschmack
Salz
Pfeffer. Falls möglich „Szechuan Pfeffer"
Butter
3 bis 4 Tassen Wasser und/oder Gemüsebrühe

So wird es gemacht:

☺ Kartoffeln auf ein Backblech geben, etwas Öl und Rosmarin darüber geben, in den Backofen schieben und bei 180°C ca. 15 bis 20 Minuten garen, bis die Kartoffeln Farbe annehmen ➟ Backblech aus dem Backofen nehmen, abkühlen lassen, dann die Kartoffeln in kleine Würfel schneiden.

☺ 1 bis 2 Esslöffel Butter in einem Topf zerlassen ➟ Knoblauch, Chili, Ingwer, Zwiebeln, Salz und Pfeffer in den Topf geben, gut vermengen und dünsten, bis die Zwiebeln weich sind ➟ Kartoffeln in die Gewürzmischung geben und gut vermengen, dann Wasser darüber gießen und bei mittlerer Hitze kochen lassen, bis die Kartoffeln sehr gar sind ➟ abschmecken ➟ Suppe in eine Servierschüssel geben, mit Lauchzwiebeln bestreuen und heiß servieren.

Tofu-Maissuppe - Ashom Thang

Zutaten:

100 bis 150 g Tofu, in kleine Würfel schneiden
2 Maiskolben, ersatzweise eine kleine Dose Mais
1 kleine Zwiebel, schälen und fein hacken
1 Knoblauchzehe, schälen und fein hacken oder mit etwas Salz zerdrücken
Ca. 1/2 cm Ingwerwurzel, schälen und fein hacken oder reiben
1 große Tomate, in kleine Würfel schneiden
Eventuell 1 Esslöffel Tomatenmark, in einer Tasse warmen Wasser auflösen
1 Esslöffel Sojasoße
1/2 Teelöffel mildes Paprikapulver
Salz
Pfeffer
Öl oder Butter
Gemüsebrühe, siehe Seite 48 und/oder Wasser
Gehackte Lauchzwiebeln, zum Garnieren

So wird es gemacht:

☺ Maiskolben bearbeiten (Abb. 43) :
Ein scharfes Messer zwischen Maiskolben und Körnern ansetzen und Streifen schneiden.

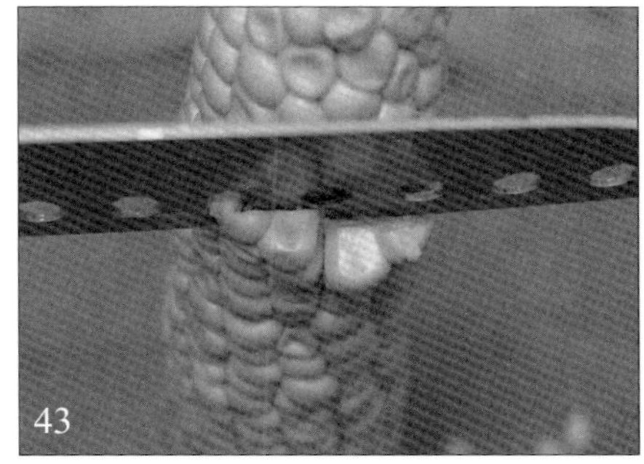
43

☺ Etwas Öl oder Butter in einen Topf geben und erhitzen.

☺ Tofuwürfel im heißen Öl braten, bis die Würfel Farbe annehmen, aus dem Topf nehmen und beiseite stellen.

☺ Gehackte Zwiebeln in das heiße Öl geben und glasig dünsten, Knoblauch und Ingwer untermengen, kurz dünsten, dann die Gewürze und Tomaten dazugeben und köcheln lassen, bis die Tomaten weich sind und ein Teil der Flüssigkeit verdampft ist ➟ Tofu und Maiskörner in die Gewürzmasse geben, gut vermengen und ca. 1 Minute köcheln lassen ➟ ca. 3 Tassen Wasser und/oder Gemüsebrühe und aufgelöstes Tomatenmark in den Topf geben, rühren, abschmecken und den Topf zudecken, dann bei mittlerer Hitze kochen lassen, bis die Maiskörner gar sind ➟ heiß servieren.

☆☆☆☆☆☆☆☆☆☆☆

Variante 2, mit Spinat

Zutaten:

150 g Tofu, in kleine Würfel schneiden
250 g frischer Spinat, Blätter waschen und hacken
1/2 Tasse Reis, waschen und abtropfen lassen
1 große Zwiebel, schälen und fein hacken
2 bis 3 Tomaten, hacken
50 g geriebener Käse, Sorte nach Geschmack z.B. Gouda
2 bis 3 Esslöffel Sojasoße
1/2 Teelöffel mildes Paprikapulver
Salz
Pfeffer
Öl
4 Tassen Gemüsebrühe, (siehe Seite 48) und/oder Wasser

So wird es gemacht:

☺ 3 bis 4 Esslöffel Öl in einen Topf geben und erhitzen.
☺ Tofuwürfel im heißen Öl braten, bis die Würfel Farbe annehmen, aus dem Topf nehmen und beiseitestellen.
☺ Zwiebeln im heißen Öl glasig dünsten, Tomaten, Paprikapulver, Salz und Pfeffer dazugeben, gut vermengen und köcheln lassen, bis ein Teil der Flüssigkeit verdampft ist ➟ Reis

und Wasser und/oder Gemüsebrühe in die Gewürzmischung geben, umrühren und kochen lassen, bis der Reis gar ist ➡ Soja, Tofu und Spinat in die Brühe geben und köcheln lassen, bis der Spinat gar ist ➡ Käse in die Suppe geben und rühren, bis der Käse aufgelöst ist ➡ Suppe abschmecken und heiß servieren.

☆☆☆☆☆☆☆☆☆☆☆

Getreidesuppe

Zutaten:

1 Tasse Graupen (Gerste) (ersatzweise Grünkern, über Nacht in Wasser einweichen)
2 Karotten, Stielansätze abschneiden, schälen und in kleine Würfel schneiden
1 Stange Lauch, Stielansatz abschneiden, gewelkte Blätter entfernen und den grünen und weißen Teil in dünne Scheiben schneiden
Handvoll frische Pilze, in Scheiben und dann in Streifen schneiden
2 mittelgroße Kartoffeln, schälen und in Würfel schneiden
2 bis 3 Tomaten, hacken
1 Zwiebel, schälen und hacken
1 bis 2 Knoblauchzehen, schälen und fein hacken oder mit etwas Salz zerdrücken
1/2 Bund Petersilie, Blätter hacken
1/2 Bund Koriander, Blätter hacken
1 Teelöffel mildes Paprikapulver
1 bis 2 Esslöffel Sojasoße
Salz
Pfeffer
4 bis 5 Tassen Gemüsebrühe, siehe Seite 48 und/oder Wasser

So wird es gemacht:

☺ Graupen gründlich waschen, mit reichlich Wasser in einen Topf geben, Topf zudecken und ca. 5 Minuten kochen lassen, dann den Topf von der Herdplatte nehmen und ca. 1 Stunde quellen lassen ➠ Graupen in ein Sieb geben und mit kaltem Wasser gründlich abspülen.

☺ Brühe und/oder Wasser in einen Topf geben und zum Kochen bringen, Graupen dazugeben und bei mittlerer Hitze kochen lassen. Inzwischen die restlichen Zutaten vorbereiten.

☛ Falls Grünkern verwendet wird:
Grünkern in der Brühe und/oder Wasser kochen lassen, bis das Getreide gar ist.

☺ Etwas Öl in einer tiefen Pfanne erhitzen ➠ Zwiebeln im heißen Öl glasig dünsten ➠ Knoblauch, Tomaten, Koriander, Petersilie, Sojasoße, Salz und Pfeffer zu den Zwiebeln geben und gut vermengen, dann die restlichen Zutaten untermengen, kurz dünsten und zur Suppe geben ➠ Topf zudecken und köcheln lassen, bis die Karotten und die Kartoffeln gar sind ➠ heiß servieren.

Vermerk:
Die Suppe kann auch mit Fleisch oder selbstgemachten Nudeln hergestellt werden:

① Ein Stück Fleisch von ca. 150 g in kleine Würfel schneiden, in Öl braten, bis die Würfel Farbe annehmen, dann in die Suppe geben.

② 1/2 Tasse Mehl und etwas Salz in eine Schüssel oder Schale geben, nach und nach Wasser dazugeben und zu einem Teig verkneten ➠ Teig zudecken und ca. 30 Minuten ruhen lassen, dann etwas Teig zwischen den Handflächen zu kleinen Kugeln formen und kurz bevor das Gemüse gar ist, in die Suppe geben und köcheln lassen, bis alles im Topf gar ist.

☆☆☆☆☆☆☆☆☆☆☆

Einfache Reissuppe

Zutaten:

1 Tasse Reis, waschen und abtropfen lassen
3 Tassen Wasser
Salz
Ca. 1 Esslöffel Sojasoße

So wird es gemacht:

☺ Wasser, Reis, Salz und Sojasoße in einen Topf geben und zum Kochen bringen, Topf zudecken und bei schwacher Hitze köcheln lassen, bis der Reis gar ist. Falls die Suppe sehr dickflüssig wird, etwas Wasser dazugeben ➟ abschmecken und servieren.

☆☆☆☆☆☆☆☆☆☆☆

Reissuppe mit Gemüse

Zutaten:

1 Tasse Reis, waschen und abtropfen lassen
4 Tassen Wasser und/oder Gemüsebrühe, siehe Seite 48
Ca. 100 g verschiedenes Gemüse:
- 1 kleine Kartoffel, schälen und in kleine Würfel schneiden
- 1 kleine Karotte, Stielansatz abschneiden, schälen, halbieren, dann vierteln und in kleine Würfel schneiden
- Handvoll frische Erbsen

oder andere Gemüsesorten, die zerkleinert werden
Sojasoße, Menge nach Geschmack
1/4 Teelöffel Paprikapulver
Eine Prise Chilipulver
Salz

So wird es gemacht:

☺ Wasser und/oder Brühe, 1 Teelöffel Salz und Reis in einen Topf geben und kurz zum Kochen bringen, Topf zudecken und köcheln lassen, bis der Reis fast gar ist ➟ Alle anderen Zutaten zum Reis geben und bei mittlerer Hitze kochen lassen, bis der Reis und das Gemüse gar sind ➟ mit Salz und Sojasoße abschmecken und heiß servieren.

☆☆☆☆☆☆☆☆☆☆☆

Fleischsuppe mit Käse

Zutaten:

150 g Fleischstück, in feine Würfel schneiden. Ersatzweise Hackfleisch
50 g Blauschimmelkäse
1 kleine Zwiebel, schälen und fein hacken
1/2 Chilischote, fein hacken
1 Tomate, fein hacken
1 kleine Knoblauchzehe, schälen und mit etwas Salz zerdrücken
1 kleines Stück Ingwerwurzel, fein hacken
1/2 Teelöffel mildes Paprikapulver
Salz
Pfeffer
3 bis 4 Tassen Brühe (siehe Seite 48/49) und/ oder Wasser
Eventuell 2 Esslöffel Mais- oder Mehlstärke
Öl

So wird es gemacht:

☺ Zwiebeln in etwas Öl glasig dünsten, Ingwer, Knoblauch, Salz und Pfeffer dazugeben, gut vermengen und kurz dünsten ➟ Fleischwürfel oder Hackfleisch in die Gewürzmischung geben und braten, bis die einzelnen Würfel Farbe angenommen haben ➟ Chili zum Fleisch geben, umrühren und bei sehr schwacher Hitze köcheln lassen, dann Käse dazugeben, umrühren und schmelzen lassen ➟ Tomaten und Brühe zum Fleisch geben, umrühren und bei mittlerer Hitze köcheln lassen, bis die Fleischwürfel gar sind. Falls die Suppe viel zu dünn ist, 2 Esslöffel Mais- oder Mehlstärke in wenig kaltem Wasser oder Brühe auflösen und zur Suppe geben, dann etwas köcheln lassen, bis die Suppe dicker wird.

☆☆☆☆☆☆☆☆☆☆☆

Momosuppe - Motuk

Zutaten für den Teig:

Siehe Seite 21
Die Menge an Mehl und Wasser soll halbiert werden

Zutaten für die Füllung:

Die verschiedenen Füllungsarten und wie man den Teig formt und füllt sind auf Seite 22 bis 27 beschrieben.

Zutaten für die Suppe:

Gemüsebrühe, siehe Seite 48 oder
Fleischbrühe, siehe Seite 49
3 bis 4 Esslöffel geriebener Käse, Sorte nach Geschmack z.B. Gouda oder Blauschimmelkäse
1/2 Tasse fein gehackter Spinat
Salz

So wird es gemacht:

☺ Die Teigrollen sollen halb so groß wie Momos sein. Nach dem Füllen beiseitestellen.

☺ 4 bis 5 Tassen Brühe und/oder Wasser in einen großen Topf geben, etwas Salz dazugeben und zum Kochen bringen, dann die Kochtemperatur auf mittlere Hitze stellen ➟ Spinat in die heiße Brühe geben und ca. 5 Minuten kochen lassen, dann den geriebenen Käse dazugeben und rühren, bis der Käse geschmolzen ist ➟ die gefüllten Teigrollen in die heiße Brühe geben und köcheln lassen, bis sie an der Oberfläche schwimmen ➟ eine Rolle aus dem Topf nehmen und probieren, ob sie gar ist, falls nicht, ein paar Minuten weiter köcheln lassen ➟ Suppe abschmecken und heiß servieren.

☆☆☆☆☆☆☆☆☆☆☆

Nudelsuppe - Tentung

(Suppe mit hausgemachten Nudel)

Zutaten für den Teig:

2 Tassen Mehl, sieben
3/4 Tasse Wasser
1 Teelöffel Salz
Eventuell 1 Ei

Zutaten für die Suppe:

4 Tassen Brühe, siehe Seite 48 und 49
250 g Fleischstück, in dünne Streifen schneiden, dann in kleine Würfel schneiden
250 g frischer Spinat, fein hacken
1 kleine Zwiebel, schälen und fein hacken
Ca. 1 cm frische, geschälte Ingwerwurzel, fein hacken
1 Knoblauchzehe, schälen und fein hacken oder mit etwas Salz zerdrücken
1 Tomate, hacken
Eventuell 1 Stück Rettich, schälen und in feine Streifen schneiden
1 bis 2 Esslöffel Sojasoße
Salz
Pfeffer
Öl

So wird es gemacht:

☺ Nudeln herstellen:

Mehl, Salz und Wasser in eine Schale geben und zu einem Teig verkneten ➟ Teig zu dünnen Fladen ausrollen, mit Mehl bestreuen, zu einer Rolle formen, zudecken und beiseitestellen, bis die Suppe hergestellt ist.

☺ Suppe herstellen:

Etwas Öl in einem großen Topf erhitzen, Zwiebeln dazugeben und glasig dünsten ➟ Ingwer und Knoblauch zu den Zwiebeln geben, gut vermengen und kurz dünsten, dann Rettich, Fleischwürfel, Salz und Pfeffer untermengen und braten, bis das Fleisch Farbe annimmt ➟ Sojasoße und Brühe darüber geben, umrühren und kochen lassen, bis die Fleischwürfel gar sind. Inzwischen die Nudeln fertigstellen.

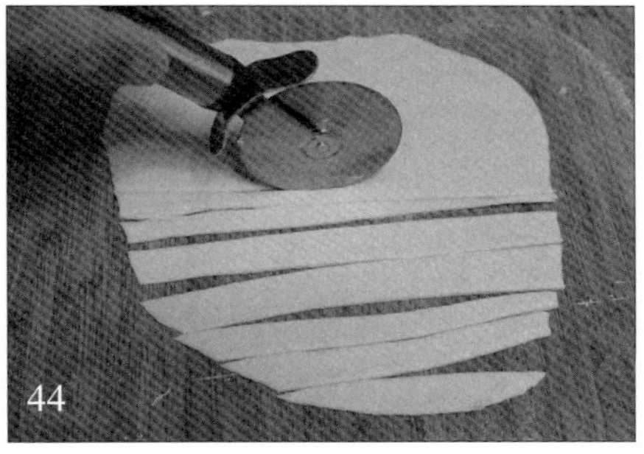
44

45

☺ Teigrolle ausrollen, in dünne Streifen, dann in kleine Stücke schneiden (Abb. 44 und 45), locker in die Suppe geben und nach 5 Minuten den gehackten Spinat dazugeben und umrühren ➟ Topf zudecken und weitere 5 bis 10 Minuten köcheln lassen,

46

bis die Nudeln gar sind ➟ Suppe abschmecken und heiß servieren.

☆☆☆☆☆☆☆☆☆☆☆

Vegetarische Suppe mit Hausgemachten Nudeln

Zutaten für die Nudeln:

1 Tasse Mehl, sieben
1 Ei, aufschlagen, in eine Schale geben und rühren
Salz
Wasser

Vermerk:
Man kann auch fertige Bandnudeln verwenden. Für einen besseren Geschmack können frische oder getrocknete Kräuter oder Gewürze bei der Herstellung des Teiges verwendet werden.

Zutaten für die Suppe:

3 bis 4 Tassen Gemüsebrühe, siehe Seite 48
1 Rettich (Falls möglich Japanischer Rettich „Daikon"), Stielansatz abschneiden, der Länge nach halbieren, dann vierteln und in dünne kleine Streifen schneiden
1 Tasse fein gehackter Spinat oder ein anderes Blattgemüse
1 Stange Lauch, Stielansatz abschneiden, gewelkte Blätter entfernen und hacken
1 Tomate, hacken
1 kleine Zwiebel, schälen und fein hacken
1 Knoblauchzehe, mit etwas Salz zerdrücken
Ca. 1/2 Teelöffel geriebener Ingwer
1/2 Teelöffel Paprikapulver
Ein Prise Chilipulver
Salz
Pfeffer
Öl

So wird es gemacht:

☺ Nudeln herstellen:

① Mehl, Eier und ca. 1/3 Tasse Wasser in eine Schüssel geben und gut verkneten ➞ Teig mit Mehl bestreuen, zudecken und ca. 30 Minuten ruhen lassen.
Teig auf einer bemehlten Arbeitsplatte zu viereckigen, dünnen Fladen ausrollen, dann in dünne Streifen schneiden, mit Mehl bestreuen und ca. 30 Minuten stehen lassen.

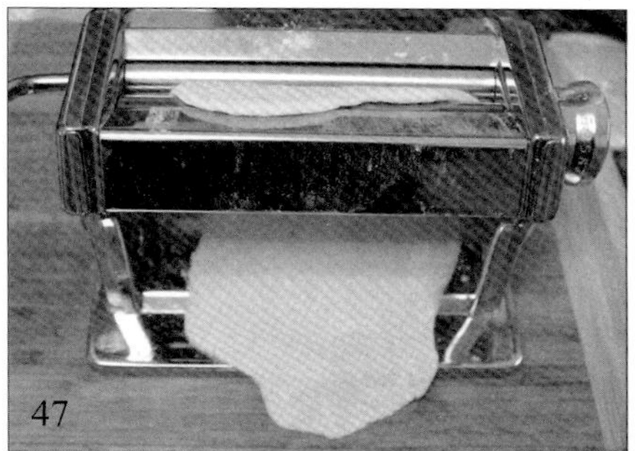
47

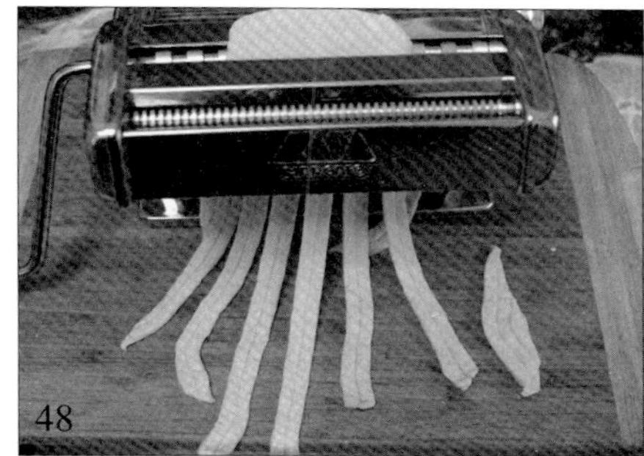
48

② Der Teig kann auch mit einem Nudelgerät hergestellt werden:
Teig in Teile schneiden und zu Kugeln formen, dann jede Kugel mehrmals durch eine Nudelmaschine wälzen (Abb. 47).
Nudelaufsatz auf das Gerät setzen und die Teigfladen durch das Gerät drehen, dabei entstehen lange Nudelstreifen (Abb. 48).

49

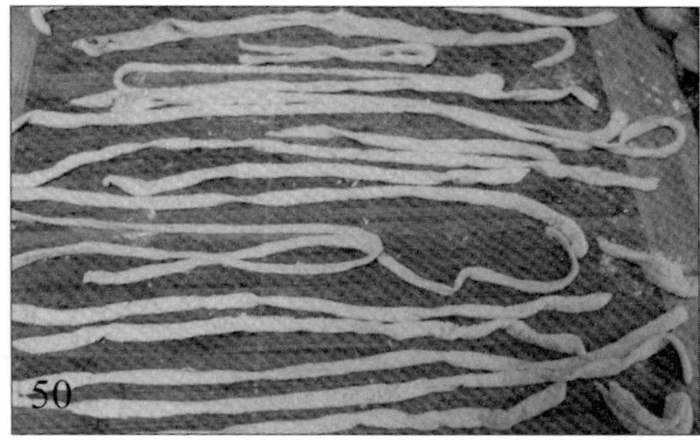
50

③ Nudelstreifen mit Mehl bestreuen und ca. 30 Minuten stehen lassen.

☺ Suppe fertigstellen:
Etwas Öl in einem größeren Topf erhitzen und die Zwiebeln darin glasig dünsten ➟ Knoblauch, Tomaten, Ingwer, Paprikapulver, Salz und Pfeffer zu den Zwiebeln geben und kurz braten, Rettich untermengen und dünsten, bis alles fast gar ist, dann Lauch untermengen und weich dünsten ➟ Brühe in den Topf geben und zum Kochen bringen, dann bei mittlerer Temperatur kochen lassen, dabei den Spinat und die Nudeln in die Suppe geben und köcheln lassen, bis die Nudeln gar sind.

☆☆☆☆☆☆☆☆☆☆☆

Einfache Nudelsuppe mit Fleisch

Zutaten:

150 bis 200 g Bandnudeln oder chinesische Eiernudeln
100 g Fleischstück, in kleine Würfel schneiden
1 kleine Zwiebel, schälen und fein hacken
1/2 cm Ingwerwurzel, reiben
1 kleine Knoblauchzehe, schälen und fein hacken oder mit etwas Salz zerdrücken
1 große Tomate, hacken
1 Esslöffel fein gehackte Kräuter (Thymian und Basilikum)
1/2 Teelöffel mildes Paprikapulver
Eventuell 1 Esslöffel Sojasoße
Salz
Pfeffer
4 bis 5 Tassen Fleischbrühe, siehe Seite 49
Öl

So wird es gemacht:

☺ Etwas Öl in einer Pfanne erhitzen, Fleischwürfel dazugeben und braten, bis sie Farbe annehmen und die Flüssigkeit verdampft ist ➟ Zwiebeln, Tomaten, Ingwer, Knoblauch,

Kräuter, Paprikapulver, Salz und Pfeffer dazugeben und ein paar Minuten dünsten.

☺ Brühe in einem Topf erhitzen ➟ Fleischmasse in die Brühe geben und kochen lassen, bis die Fleischwürfel weich sind ➟ Nudeln in die Suppe geben und kochen lassen, bis die Nudeln gar sind ➟ Suppe abschmecken und servieren.

☆☆☆☆☆☆☆☆☆☆☆

Variante 2, mit Gemüse

Zutaten:

1 Packung Bandnudeln oder chinesische Nudeln
4 bis 5 Tassen Gemüsebrühe, siehe Seite 48
1 cm Ingwerwurzel, schälen und reiben oder zerdrücken
1 Knoblauchzehe, schälen und mit etwas Salz zerdrücken
1 kleine Zwiebel, schälen und fein hacken
1 mittelgroße Tomate, fein hacken
2 Esslöffel gehackte Petersilie
Öl

So wird es gemacht:

☺ Brühe in einen Topf geben und langsam erhitzen.

☺ Ein paar Esslöffel Öl in einer Pfanne erhitzen ➟ Zwiebeln im heißen Öl glasig dünsten, die restlichen Zutaten (außer Nudeln) untermengen und dünsten, bis viel Flüssigkeit verdampft ist ➟ Zwiebelmasse zur Brühe geben und gut vermengen ➟ Brühe zum Kochen bringen und ein paar Minuten brodeln lassen, dann Kochtemperatur reduzieren, die Nudeln in die Brühe geben und kochen lassen, bis die Nudeln gar sind ➟ mit Salz und Pfeffer abschmecken und heiß servieren.

☆☆☆☆☆☆☆☆☆☆☆

Vegetarische Gerichte

Kartoffeln in Gewürzsoße

Zutaten:

500 g kleine Kartoffeln, schälen und waschen
1 Bund Koriander, Blätter waschen und hacken
2 Knoblauchzehen, schälen, mit etwas Salz in einen Mörser geben und zerdrücken
1 mittelgroße Zwiebel, schälen und hacken
3 große Tomaten, hacken
Etwas geriebener Ingwer
1/2 Teelöffel mildes Paprikapulver
1/4 Teelöffel Kurkumapulver
1/4 Teelöffel Kreuzkümmelpulver
Salz
Pfeffer
Öl
Etwas Wasser

So wird es gemacht:

☺ Kartoffeln in Salzwasser gar kochen, in ein Sieb geben und abtropfen lassen.
☺ Etwas Öl in einen Topf geben und erhitzen ➟ Zwiebeln im heißen Öl glasig dünsten, Knoblauchpaste und Ingwer dazugeben, gut vermengen und kurz kochen ➟ Tomaten, Paprikapulver, Kreuzkümmelpulver und Kurkuma zu den Zwiebeln geben, umrühren und köcheln lassen, bis ein Teil der Flüssigkeit verdampft ist, Koriander untermengen, dann ca. 1/4 Tasse Wasser darüber gießen, umrühren und 1 bis 2 Minuten köcheln lassen ➟ Kartoffeln in die Soße geben, gut vermengen und heiß mit Reis servieren.

****

Kartoffelbratlinge

Zutaten:

4 große Kartoffeln, schälen und vierteln
2 Eier, aufschlagen, in eine Schale geben und gut verrühren
4 Esslöffel Mehl
Salz
Pfeffer
Eine Prise Chilipulver
Öl, zum Braten

So wird es gemacht:

☺ Kartoffeln in Salzwasser gar kochen, in ein Sieb geben, abtropfen und abkühlen lassen.

☺ Kartoffeln in eine Schale geben und mit einer Gabel pürieren, Eier und Gewürze dazugeben und gut vermengen ➟ Öl in einer tiefen Pfanne erhitzen ➟ Handvoll Kartoffelpüree nehmen und zwischen den Handflächen zu Kugeln formen, dann flach pressen und im heißen Öl von beiden Seiten knusprig braten ➟ heiß mit Soße und Brot servieren.

❋❋❋❋❋❋❋❋❋❋

Kartoffeln mit grünen Bohnen

Zutaten:

250 g lange grüne Bohnen, Stielansätze und Spitzen abschneiden und die Fäden dazwischen abziehen, dann vierteln
4 mittelgroße Kartoffeln, schälen, in Scheiben und dann in Streifen schneiden (nicht so dick)
1 bis 2 lange milde Peperoni, Stielansätze abschneiden, der Lange nach halbieren, Samen entfernen und hacken. Ersatzweise Paprikaschote
2 Knoblauchzehen, schälen und mit etwas Salz zerdrücken
1 Tomate, hacken
1/2 cm Ingwerwurzel, schälen und zerdrücken
1 große Zwiebel, schälen und fein hacken
1 kleine Chilischote, Stielansatz abschneiden, der Länge nach halbieren, Samen entfernen und fein hacken
1 Esslöffel gehackter Koriander
1 bis 2 Esslöffel Sojasoße
1/2 Teelöffel mildes Paprikapulver
Salz
Pfeffer
Öl

So wird es gemacht:

☺ Kartoffeln in heißem Öl frittieren und beiseitestellen.

☺ Etwas Öl in einen Topf geben und erhitzen, Zwiebeln dazugeben und glasig dünsten, dann die restlichen Zutaten, außer Bohnen und Kartoffeln, dazugeben, umrühren und köcheln lassen, bis ein Teil der Flüssigkeit verdampft ist ➟ Bohnen in die Gewürzsoße geben, umrühren und köcheln lassen, bis die Bohnen gar sind ➟ Kartoffeln zu den Bohnen geben, gut vermengen und ein paar Minuten köcheln lassen ➟ abschmecken und heiß servieren.

****

Kartoffeln mit Auberginen

Zutaten:

1 mittelgroße Aubergine, schälen, der Länge nach halbieren, dann längs vierteln und in Würfel schneiden
5 bis 6 Kartoffeln, schälen und in dünne Scheiben schneiden
2 bis 3 Knoblauchzehen, schälen, mit etwas Salz in einen Mörser geben und zerdrücken
1 große Zwiebel, schälen und fein hacken
2 Tomaten, hacken
1 cm Ingwerwurzel, reiben oder zerdrücken
1 Esslöffel gehackter Koriander. Ersatzweise 1 Teelöffel getrockneter Koriander
Öl
Salz
Pfeffer
1 Teelöffel mildes Paprikapulver

So wird es gemacht:

☺ Etwas Öl in einen Topf geben und erhitzen, Zwiebeln dazugeben und glasig dünsten, dann Knoblauchpaste, Ingwer, Paprikapulver, Salz und Pfeffer untermengen und kurz dünsten ➟ Tomaten zur Gewürzmischung geben, gut vermengen und dünsten, bis ein Teil der Flüssigkeit verdampft ist ➟ Kartoffelscheiben, Auberginen und Koriander in den Topf geben, gut vermengen und ein paar Minuten dünsten ➟ ca. 1 Tasse Wasser darüber gießen, Topf zudecken und köcheln lassen, bis die Kartoffeln und die Auberginen gar sind ➟ mit Salz und Pfeffer abschmecken und mit Reis servieren.

****

Auberginencurry

Zutaten:

500 g Auberginen, 1 große oder 2 mittelgroße
150 bis 200 g Tomaten, hacken
1 Zwiebel, hacken
1 Knoblauchzehe, mit etwas Salz zerdrücken
1 Esslöffel getrocknete Petersilie oder 2 Esslöffel frische, gehackte Petersilie
1/4 Teelöffel Ingwerpulver oder 1 cm frische Ingwerwurzel, reiben oder zerdrücken
1/2 Teelöffel Kurkuma
je 1 Teelöffel Koriander und Kreuzkümmel
1/2 Teelöffel Currypulver
Salz
3 bis 4 Esslöffel Butter oder Butterfett

So wird es gemacht:

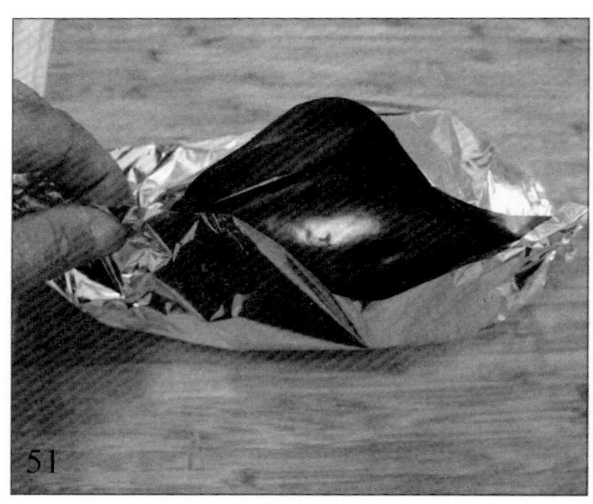
51

52

☺ Backofen auf 200°C vorheizen ➙ Auberginen in Alufolie wickeln und ca. 25 Minuten im Backofen garen, aus dem Backofen nehmen und kurz abkühlen lassen ➙ Schale abschaben oder abziehen ➙ Stielansätze entfernen und Auberginenfruchtfleisch mit einer Gabel grob zerkleinern ➙ Tomaten, Petersilie, Salz und Gewürze dazugeben und gut vermengen.

☺ Butter oder Butterfett in einem Topf zerlassen ➟ Zwiebeln dazugeben und dünsten, bis die Zwiebeln Farbe annehmen, Knoblauchpaste untermengen und kurz dünsten ➟ Auberginenmischung dazugeben und solange dünsten, bis die meiste Flüssigkeit verdampft und die Mischung dickflüssig ist ➟ abschmecken ➟ heiß auf Servierteller geben, mit Paprikapulver bestreuen und mit Reis servieren. Wer möchte, kann etwas Zitronensaft darüber träufeln.

❁❁❁❁❁❁❁❁❁❁

Kartoffel-Erbsencurry

Zutaten:

150 bis 200 g Kartoffeln, schälen, in kleine Würfel schneiden, waschen und abtropfen lassen
150 bis 200 g frische oder tiefgefrorene Erbsen
4 große Tomaten, halbieren, Samen entfernen und hacken
1 Zwiebel, hacken
2 bis 3 Esslöffel Butter oder Butterfett (Ghee)
1 Knoblauchzehe, mit etwas Salz zerdrücken
1/2 Teelöffel Kurkuma
1/2 Teelöffel Garam Masala (indische Gewürzmischung)
1/4 Teelöffel Kreuzkümmel
1/4 Teelöffel Ingwerpulver
1 Prise Chilipulver
1½ Teelöffel Salz
1/8 Tasse Wasser

So wird es gemacht:

☺ Butter oder Butterfett in einem Topf zerlassen ➟ Zwiebeln und Knoblauchpaste dazugeben und goldbraun dünsten ➟ Knoblauchpaste untermengen ➟ mit Kreuzkümmel, Kurkuma, Ingwerpulver, einer Prise Chilipulver und Garam Masala bestreuen ➟ kurz umrühren und Tomaten dazugeben ➟ unter ständigem Rühren dünsten, bis die Flüssigkeit fast verdampft ist ➡ Kartoffeln und Erbsen untermengen ➡ Wasser darüber gießen und zum Kochen bringen, Topf zudecken und bei schwacher Hitze 10 bis 15 Minuten köcheln lassen, bis das Gemüse gar ist ➡ salzen ➡ mit Garam Masala bestreuen und heiß mit Reis servieren.

❁❁❁❁❁❁❁❁❁❁

Kartoffeln mit Spinat

Zutaten:

250 g Blattspinat, waschen
3 bis 4 große Kartoffeln
1 Schalotte oder Zwiebel, schälen und in kleine Würfel schneiden
1 bis 2 Knoblauchzehen, schälen, mit etwas Salz in einem Mörser zerdrücken
1 Teelöffel Kreuzkümmelsamen, zerdrücken
1/2 Teelöffel Korianderpulver
1/2 Teelöffel Currypulver
1/2 Teelöffel Kurkuma
Salz
Pfeffer
Butter oder Butterfett (Ghee)

So wird es gemacht:

☺ Kartoffeln in einen Topf geben, mit Wasser bedecken und kochen lassen, bis sie gar sind, dann in ein Sieb geben und kurz mit kaltem Wasser abspülen ➡ Die abgekühlten Kartoffeln pellen, in Würfel schneiden (ca. 3 bis 4 cm) und beiseitestellen.

☺ 1 bis 2 Esslöffel Butter oder Butterfett in einen Topf geben und zerlassen ➡ Schalotten in Butter weich dünsten, dann Knoblauchpaste untermengen und kurz dünsten ➡ Gewürze darüber streuen, umrühren und Spinat untermengen, gut vermengen und dünsten, bis der Spinat weich ist ➡ Kartoffeln zum Spinat geben, untermengen, mit Salz und Pfeffer abschmecken und kurz erhitzen, in eine Servierschale geben und mit Reis und Salat servieren.

****

Gemüsecurry
Tsel Gyaker

Zutaten:

500 g verschiedene Gemüsesorten:
- Frische oder gefrorene Erbsen
- Blumenkohl, in kleine Röschen schneiden
- Kartoffeln, schälen und in Würfel schneiden
- Karotten, Stielansätze und Spitzen abschneiden, schälen und in Scheiben schneiden
- Zucchini, Stielansatz abschneiden und in Scheiben schneiden
- 1 kleine Aubergine, Stielansatz abschneiden und in Würfel schneiden

3 bis 4 Esslöffel Butterfett (Ghee) oder Butter
1 Zwiebel, schälen und in dünne Scheiben schneiden
2 große Tomaten, halbieren, Samen entfernen und hacken
2 Knoblauchzehen, schälen und mit etwas Salz zerdrücken
1 Teelöffel Kurkuma
1/2 Teelöffel Garam Masala (siehe Seite 12)
1/2 Teelöffel Currypulver
1/2 Teelöffel Paprikapulver
Salz
Pfeffer
Öl

So wird es gemacht:

☺ Gemüse zum Kochen vorbereiten:

Erbsen, Blumenkohl und Karotten ca. 1 bis 2 Minuten in kochendem Wasser blanchieren, in ein Sieb geben und abtropfen lassen.
Kartoffeln fast gar kochen.
Auberginen und Zucchini in Öl dünsten, bis sie Farbe annehmen.

☺ Zwiebeln, Knoblauchpaste, Currypulver, Paprikapulver und Kurkuma in Butter oder Butterfett dünsten ➟ Tomaten und Salz dazugeben und kurz dünsten ➟ 1 bis 1½ Tassen Wasser (oder Wasser und Brühe) darüber gießen, umrühren und zum Kochen bringen ➟ Gemüse dazugeben ➟ Topf zudecken und bei schwacher Hitze köcheln lassen, bis das Gemüse gar ist, abschmecken und heiß mit Fladenbrot und/oder Reis servieren.

****

Blattgemüsecurry

Zutaten:

1 kg Mangold oder Bok Choy, zerlegen und waschen
2 bis 3 Esslöffel Sojasoße
3 bis 4 Stangen Lauchzwiebeln, Stielansätze abschneiden, gewelkte Blätter entfernen und hacken

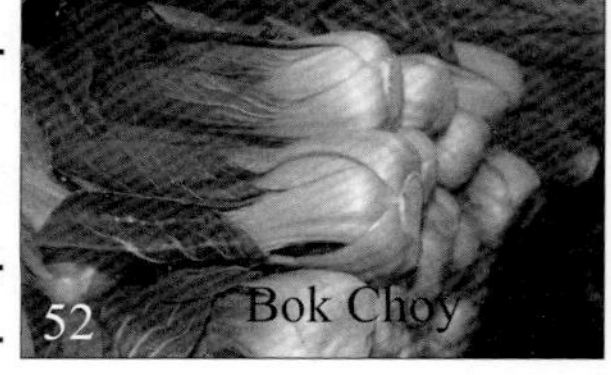
52 Bok Choy

2 Knoblauchzehen, schälen und fein hacken oder mit etwas Salz zerdrücken
1 Tomate, hacken
1 kleines Stück Ingwerwurzel, fein hacken oder reiben
1 Teelöffel mildes Paprikapulver

1 Prise Chilipulver
1/4 Teelöffel Garam Masala
Öl
Salz
Pfeffer

Vermerk:

Statt Mangold kann Spinat für das Gericht verwendet werden.

Um den Geschmack zu verbessern, kann man 1 kleine Karotte oder eine Handvoll frische Erbsen zum Gericht geben. Man kann auch Tofu verwenden.

So wird es gemacht:

53

54

☺ Mangold oder Bok Choy bearbeiten:

① Abb. 53: Die weichen Blätter mit einem Messer vom Stiel abschneiden und grob hacken.

② Abb. 54: Die Stiele in feine Stifte schneiden oder reiben (falls eine Karotte verwendet wird, schälen, Stielansatz abschneiden, halbieren und in dünne Stifte schneiden oder reiben (Abb. 55).

55

☺ Wasser mit etwas Salz in einen Topf geben und zum Kochen bringen, Mangoldstifte oder Bok Choy (auch Karottenstifte oder Erbsen) in das kochende Wasser geben und ca. 1 Minute blanchieren ➟ Gemüse in ein Sieb geben und abtropfen lassen.

☺ Etwas Öl in einen Topf geben und erhitzen ➟ Tomaten, Knoblauch, Lauchzwiebeln, Ingwerwurzel, etwas Salz und Pfeffer in das heiße Öl geben und weich dünsten ➟ blanchiertes Gemüse in den Topf geben und gut vermengen, dann die grob gekackten Blätter untermengen, Sojasoße, Paprikapulver, Chilipulver und Garam Masala dazugeben, gut vermengen und dünsten, bis die Blätter weich sind ➟ das Gericht mit Salz und Pfeffer abschmecken und heiß mit Reis servieren.

Vermerk:

Verwendung von Tofu:

1 Block Tofu, in kleine Würfel schneiden

1 kleine, rote milde Peperoni, Stielansatz abschneiden, der Länge nach halbieren, Samen entfernen und in kleine Würfel schneiden

Ein paar Tropfen Sojasoße

Etwas Öl oder Butter

So wird es gemacht:

☺ Etwas Öl oder Butter in eine Pfanne geben und erhitzen, Peperoni dazugeben und weich dünsten, Tofu untermengen, ein paar Tropfen Sojasoße darüber geben und gut vermengen, dann ein paar Minuten braten und über dem Gericht verteilen.

****

Gebratene Pilze

Zutaten:

250 bis 300 g Champignons, waschen und in dicke Scheiben schneiden
1 bis 2 Knoblauchzehen, schälen, mit etwas Salz in einen Mörser geben und zerdrücken
2 bis 3 Esslöffel gehackte Korianderblätter
1/4 bis 1/2 Teelöffel Chilipulver
Limettensaft
Salz
Pfeffer
Öl

So wird es gemacht:

☺ 1 bis 2 Esslöffel Öl in einer tiefen Pfanne erhitzen ➠ Knoblauchpaste in das heiße Öl geben und kurz dünsten, Pilze dazugeben, gut vermengen und ca. 2 Minuten dünsten ➠ Chilipulver, Salz, Pfeffer und gehackten Koriander dazugeben, gut vermengen und heiß servieren.

****

Gebratener Tofu

Zutaten:

1 Block Tofu, in etwas dickere Scheiben schneiden
Maismehl, auf einem Teller verteilen
Folgende Zutaten in eine Schale geben und gut vermengen:
- 1 Esslöffel Sojasoße
- 1 Knoblauchzehe, schälen und zerdrücken
- 1 Ei, aufschlagen und in die Schale geben
- Ein paar Esslöffel Wasser

Öl, zum Braten

So wird es gemacht:

☺ Etwas Öl in einer Pfanne erhitzen ➞ Tofuscheiben zuerst in die Eimasse tauchen, kurz abtropfen lassen, dann in Maismehl wälzen und von beiden Seiten goldbraun braten ➞ heiß mit Salat servieren.

****

Blumenkohl im Gewürzmantel

Zutaten:

1 mittelgroßer Blumenkohl, in Röschen schneiden, waschen und abtropfen lassen
2 Kartoffeln, schälen und in mittelgroße Scheiben schneiden oder würfeln
1 Karotte, Stielansatz abschneiden, schälen und in Scheiben schneiden
2 Schalotten, schälen und hacken
1 kleine scharfe Chilischote, Stielansatz abschneiden, der Länge nach halbieren, Samen entfernen und fein hacken

1 getrocknete, rote Chilischote, Stielansatz und Samen entfernen und fein hacken
1/2 Teelöffel Kreuzkümmelpulver
1/2 Teelöffel Kreuzkümmelsamen
1/2 Teelöffel Senfkörner
Ein paar Bockshornkleesamen
1/2 Teelöffel Kurkumapulver
3/4 Teelöffel Korianderpulver
Salz
Öl, zum Braten
Gehackte Petersilie oder Koriander, zum Garnieren

So wird es gemacht:

☺ Kartoffeln und Karotten gar kochen, in ein Sieb geben und abtropfen lassen.
☺ Blumenkohlröschen in kochendem Wasser für ca. 1 bis 2 Minuten blanchieren.
☺ 5 bis 6 Esslöffel Öl in einer tiefen Pfanne bei mittlerer Hitze erhitzen ➡ Senfkörner in das heiße Öl geben und kurz braten, dann Kreuzkümmelsamen, Bockshornkleesamen, frischen, gehackten Chili dazugeben und gut vermengen ➡ Schalotten und getrockneten Chili dazugeben und braten, bis die Schalotten Farbe annehmen ➡ Blumenkohlröschen in die Pfanne geben, mit der Schalottenmasse gut vermengen, Pfanne zudecken und 6 bis 7 Minuten garen ➡ Karotten, Kartoffeln, Kurkuma, Korianderpulver, Kreuzkümmelpulver und Salz zum Blumenkohl geben, gut vermengen, abschmecken und weitere 6 bis 7 Minuten garen ➡ Pfanneninhalt in eine Servierschale geben, mit gehacktem Koriander oder Petersilie garnieren und heiß servieren.

****

Weißkohl mit Ingwer

Zutaten:

58

1 kleiner Weißkohl, zerlegen, die Blätter gründlich waschen und in dünne Stifte schneiden (ca. 1/2 cm dick)

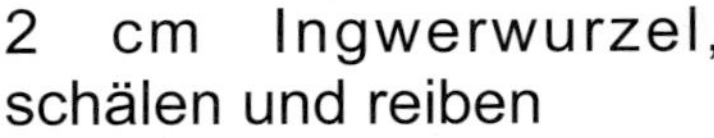

2 cm Ingwerwurzel, schälen und reiben
1 große Tomate, hacken
1 kleine Zwiebel, schälen und fein hacken
1 lange milde Peperoni, Stielansatz abschneiden, der Länge nach halbieren, Samen entfernen und hacken
1 Knoblauchzehe, schälen und mit etwas Salz zerdrücken
1/2 Teelöffel mildes Paprikapulver
Ein Prise Chilipulver
1 Esslöffel Sojasoße
Salz
Pfeffer
Öl

<u>Vermerk:</u>
Knoblauch und Ingwer können zusammen zerdrückt werden

So wird es gemacht:

☺ Weißkohlstifte in kochendem Wasser 1 bis 2 Minuten blanchieren, in ein Sieb geben und abtropfen lassen.
☺ Etwas Öl in einem Topf oder einer tiefen Pfanne erhitzen ➡ Zwiebeln in das heiße Öl geben und kurz dünsten, gehackte Peperoni untermengen und dünsten, bis die Zwiebeln weich sind ➡ Knoblauchpaste, Ingwerpaste, Paprikapulver und Chilipulver zu den Zwiebeln geben und kurz dünsten, dann To-

maten untermengen und ca. 1 Minute dünsten ➟ Weißkohl zur Zwiebelmasse geben, gut vermengen und dünsten, bis die Kohlstifte gar sind ➟ mit Salz, Pfeffer und Chilipulver abschmecken und heiß mit Reis und Salat servieren.

****

Weißkohl mit Zimt

Zutaten:

1 kleiner Weißkohl, zerlegen, die Blätter gründlich waschen und in dünne Stifte schneiden (ca. 1/2 cm dick)
1 große Kartoffel, schälen und in ca. 2 bis 3 cm Würfel schneiden
2 Zimtstangen, ca. 3 bis 4 cm lang
1 große Zwiebel, schälen und in dünne Ringe schneiden
1 lange milde Peperoni oder Paprikaschote, Stielansatz und Samen entfernen und in kleine Würfel schneiden
1/2 Teelöffel Kurkuma
Chilipulver, Menge nach Geschmack (ca. 1/4 Teelöffel)
Salz
Pfeffer
Öl
Ca. 1/2 Tasse Wasser
Gehackter Koriander oder Petersilie, zum Garnieren

59

So wird es gemacht:

☺ Ein paar Esslöffel Öl in einen Topf geben und erhitzen ➠ Zwiebeln, gehackte Peperoni oder Paprikaschote und Zimtstangen in das heiße Öl geben und dünsten, bis die Zwiebeln weich sind ➠ Kartoffelwürfel zu den Zwiebeln geben und ein paar Minuten braten ➠ Salz, Pfeffer, Chilipulver und Kurkuma darüber geben und gut vermengen, dann Wasser darüber gießen und zum Kochen bringen ➠ Weißkohlstifte in den Topf geben, gut vermengen, Topf zudecken und köcheln lassen, bis der Kohl gar ist. Falls viel Flüssigkeit während des Kochens verdampft ist, etwas Wasser dazugeben ➠ das Gericht mit Salz und Pfeffer abschmecken, in eine Servierschale geben, mit gehacktem Koriander oder Petersilie garnieren und heiß servieren.

❁❁❁❁❁❁❁❁❁❁❁❁

Gerichte mit Fleisch

Gekochtes Fleisch

Zutaten:

250 g Fleischstück ohne Knochen
1 kleine Zwiebel, schälen und in Streifen schneiden
1 Knoblauchzehe, schälen und vierteln
Prise Chilipulver
Salz
Pfeffer

So wird es gemacht:

☺ Alle Zutaten in einen Topf geben, mit Wasser bedecken und kochen lassen, bis das Fleisch gar ist.

☺ Fleischstück aus dem Wasser nehmen, abtropfen lassen und in dünne Scheiben schneiden ➟ heiß mit Brot und Soße oder Reis servieren.

Vermerk:

Es gibt noch eine andere Variante:

☺ Fleischstück gar kochen, aus dem Wasser nehmen, abtropfen lassen und in dünne Scheiben schneiden.

☺ Etwas Öl in einer Pfanne erhitzen, die Fleischstücke im heißen Öl braten, etwas Sojasoße darüber geben, gut vermengen und heiß servieren.

☆☆☆☆☆☆☆☆☆☆☆

Fleisch mit Gemüse

Zutaten:

500 g Fleischstück, in ca. 3 bis 4 cm Streifen schneiden, dann die Streifen in dünne Scheiben schneiden (ca. 0,5 cm), waschen und abtropfen lassen
500 g verschiedene Gemüsesorten:
- Champignons, in dicke Scheiben schneiden oder vierteln
- Frische Erbsen
- Karotten, Stielansätze abschneiden, schälen und in Scheiben schneiden
- Blumenkohlröschen oder Broccoli
- Rote Paprikaschote, Stielansatz abschneiden, halbieren, Samen entfernen und würfeln
- Kartoffel, schälen und in Würfel schneiden

2 Knoblauchzehen, schälen, mit etwas Salz in einen Mörser geben und zerdrücken
1 Zwiebel, schälen und hacken
1 bis 2 Esslöffel Sojasoße
1 Teelöffel mildes Paprikapulver
1/4 Teelöffel Kurkuma
1/2 Teelöffel Pimentpulver
Salz
Pfeffer
Öl

So wird es gemacht:

☺ Ein paar Esslöffel Öl in einer Pfanne erhitzen ➟ Fleischstücke salzen und pfeffern und im heißen Öl knusprig braten ➟ Fleischstücke aus der Pfanne nehmen und beiseitestellen ➟ in die gleiche Pfanne die Champignons und die Karotten geben, Knoblauchpaste, Sojasoße und Paprikapulver dazugeben, gut vermengen, kurz anbraten, aus der Pfanne nehmen und zum Fleisch geben.

☺ Das in der Pfanne befindliche Öl in einen Topf geben und erhitzen, Zwiebeln dazugeben und glasig dünsten, dann das restliche Gemüse, Kurkuma, Piment, Salz und Pfeffer darüber geben umrühren und kurz anbraten ➟ das gebratene Fleisch, Champignons und Karotten untermengen, etwas Wasser dazugeben und bei mittlerer Hitze garen ➟ mit Salz und Pfeffer abschmecken und heiß mit Reis und Salat servieren.

☆☆☆☆☆☆☆☆☆☆☆☆

Fleisch mit Kartoffeln

Zutaten:

500 g Fleisch, in ca. 2 bis 3 cm Würfel schneiden, waschen und abtropfen lassen
250 g kleine Kartoffeln, schälen und vierteln
1 Zwiebel, schälen und fein hacken
1 große Tomate, fein hacken
1/2 Teelöffel Kurkumapulver
1/2 Teelöffel mildes Paprikapulver
Salz
Pfeffer
Öl

So wird es gemacht:

☺ Ein paar Esslöffel Öl in einem Topf erhitzen, Zwiebeln dazugeben und glasig dünsten, Tomaten untermengen und dünsten, bis die Flüssigkeit fast verdampft ist ➟ Fleischwürfel in den Topf geben, gut vermengen, Salz, Pfeffer, Kurkuma und Paprikapulver dazugeben, gut vermengen und braten, bis das Fleisch fast gar ist ➟ Fleischwürfel fast mit Wasser bedecken und bei mittlerer Hitze weich kochen ➟ Kartoffeln zum Fleisch geben, gut vermengen, Topf zudecken und kochen lassen, bis die Kartoffeln gar sind ➟ mit Salz und Pfeffer abschmecken und heiß mit Reis und Salat servieren.

☆☆☆☆☆☆☆☆☆☆☆☆

Blumenkohl mit Hackfleisch

Zutaten:

1 mittelgroßer Blumenkohl, vierteln, waschen und abtropfen lassen
250 g Hackfleisch
1 große Zwiebel, schälen und hacken
1 Tomate, hacken
Folgende Zutaten mit etwas Salz in einen Mörser geben und zerdrücken:
  2 bis 3 Knoblauchzehen, schälen und vierteln
  2 cm Ingwerwurzel, schälen und hacken
Ein paar Senfkörner, etwas zerdrücken
1/4 Teelöffel Kreuzkümmelsamen
Je 1/2 Teelöffel:
  Kurkuma
  Korianderpulver
  Zimtpulver
  Kardamompulver
1/4 Teelöffel (oder mehr) Chilipulver
Salz
Pfeffer
Öl

So wird es gemacht:

☺ Blumenkohl in einen Topf geben und mit Wasser bedecken, etwas Salz und Kreuzkümmelpulver darüber geben, Topf zudecken und bei mittlerer Hitze bissfest kochen ➟ in ein Sieb geben und abtropfen lassen.
☺ Ein paar Esslöffel Öl in einer tiefen Pfanne erhitzen ➟ Zwiebeln im heißen Öl glasig dünsten, Kreuzkümmelsamen dazugeben, gut vermengen und weiter dünsten, bis die Zwiebeln Farbe annehmen ➟ Knoblauch-Ingwerpaste und Tomaten zu den Zwiebeln geben, gut vermengen und dünsten, bis die Flüssigkeit verdampft ist ➟ Hackfleisch, Kurkuma, Chili,

Zimt, Kardamom, Salz und Pfeffer in die Pfanne geben und braten, bis das Hackfleisch Farbe annimmt ➠ Pfanne zudecken und bei sehr schwacher Hitze ca. 5 Minuten köcheln lassen. Zwischendurch rühren ➠ Pfanne vom Herd nehmen und abkühlen lassen.

☺ Blumenkohl zum Hack geben, gut vermengen und mit Hilfe eines Löffels das Hack zwischen die Röschen pressen.

☺ Ein paar Esslöffel Öl in einer tiefen Pfanne erhitzen, Senfkörner im heißen Öl kurz braten ➠ Blumenkohl in das heiße Öl geben und rundherum für ein paar Minuten braten ➠ das restliche Hack zum Blumenkohl geben, ein paar Minuten erhitzen, abschmecken und heiß servieren.

Fleischcurry

Zutaten:

500 g Fleischstück, am besten Lamm, in Würfel schneiden (ca. 4 bis 5 cm), waschen und abtropfen lassen
2 große Zwiebeln, schälen und in Scheiben schneiden
3 bis 4 Tomaten, in große Würfel schneiden
2 Knoblauchzehen, schälen, mit etwas Salz in einen Mörser geben und zerdrücken
1 cm Ingwerwurzel, schälen und reiben oder zerdrücken
2 cm Zimtstange
4 bis 5 Esslöffel Joghurt
1 bis 2 Esslöffel Sojasoße
1 Teelöffel mildes Paprikapulver
1 Teelöffel Currypulver
1/4 Teelöffel Nelkenpulver
1/2 Teelöffel Kreuzkümmelpulver
Salz
Pfeffer
Öl

So wird es gemacht:

☺ Fleischwürfel, Joghurt, Salz, Pfeffer, Currypulver, Ingwer, Knoblauchpaste und Paprikapulver in eine Schale geben, gut vermengen, Schale zudecken und ein paar Stunden stehen lassen.

☺ Ein paar Esslöffel Öl in einen Topf geben und erhitzen ➟ Zwiebeln im heißen Öl glasig dünsten ➟ Nelkenpulver, Kreuzkümmelpulver, etwas Salz und Pfeffer zu den Zwiebeln geben, gut vermengen und weiter dünsten, bis die Zwiebeln Farbe annehmen, dann Tomatenwürfel untermengen ➟ Fleischwürfel aus der Marinade nehmen, zu den Zwiebeln geben und rundherum anbraten ➟ Marinade zum Fleisch geben, etwas Wasser darüber gießen, umrühren, Topf zudecken und köcheln lassen, bis das Fleisch gar ist. Falls die Flüssigkeit verdampft ist, etwas Wasser darüber geben ➟ Fleischcurry mit Reis und Salat servieren.

☆☆☆☆☆☆☆☆☆☆☆☆

Einfaches Fleischcurry

Zutaten:

500 g Fleischstück, in Würfel schneiden (ca. 4 bis 5 cm), waschen und abtropfen lassen
1 große Zwiebel, schälen und hacken
2 bis 3 Knoblauchzehen, schälen und vierteln
3 bis 4 Tomaten, hacken
1/2 Bund Koriander, Blätter hacken
1 Teelöffel Paprikapulver
1 Teelöffel Currypulver
Chilipulver, Menge nach Geschmack
Salz
Pfeffer
Öl

So wird es gemacht:

☺ Ein paar Esslöffel Öl in einen Topf geben und erhitzen ➟ Fleischwürfel im heißen Öl scharf anbraten, aus dem Topf nehmen und beiseitestellen.

☺ In dem Topf, in dem das Fleisch gebraten wurde, die Zwiebeln glasig dünsten, Knoblauchzehen, Paprikapulver, Currypulver, Salz, Pfeffer und Tomaten dazugeben und dünsten, bis viel Flüssigkeit verdampft ist ➟ gebratene Fleischwürfel in die Soße geben und gut vermengen, dann ca. 1 Tasse Wasser darüber geben, umrühren, Topf zudecken und kochen lassen, bis die Fleischwürfel weich sind. Falls viel Flüssigkeit verdampft ist, etwas Wasser darüber gießen ➟ Koriander untermengen und heiß mit Reis und Salat servieren.

Fleischcurry auf indische Art

Zutaten:

500 g Fleischstück, in 2 bis 3 cm Würfel schneiden, waschen und abtropfen lassen
3 bis 4 große Kartoffeln, schälen und in ca. 3 bis 4 cm Würfel schneiden
100 g frische Erbsen
2 große Zwiebeln, schälen, halbieren und in dünne Streifen schneiden
2 bis 3 Tomaten, grob hacken
3 bis 4 Knoblauchzehen, schälen und hacken
2 cm Ingwerwurzel, schälen und fein hacken
1 kleine Chilischote, Stielansatz abschneiden, der Länge nach halbieren, Samen entfernen und fein hacken
Ein paar Nelken, zerdrücken
1/2 Teelöffel Kreuzkümmelsamen
1 Teelöffel Kardamompulver
1 Teelöffel Kreuzkümmelpulver
2 Kardamomkapseln, anschneiden
1/2 Teelöffel Senfkörner, etwas zerdrücken
2 bis 3 Lorbeerblätter
1 Teelöffel Kurkumapulver
1 bis 2 Esslöffel Essig
Salz
Pfeffer
Öl

So wird es gemacht:

☺ Essig, Kardamompulver, zerdrückte Nelken, Kreuzkümmelpulver, Fleischwürfel, Salz und Pfeffer in eine Schale geben, gut vermengen, Schale zudecken und ein paar Stunden stehen lassen.

☺ Ein paar Esslöffel Öl in einen Topf geben und erhitzen,

Zwiebeln dazugeben und glasig dünsten ➟ gehackten Chili, Knoblauch, Ingwer, Kardamomkapseln, Senfkörner, Kreuzkümmelsamen und Lorbeerblätter zu den Zwiebeln geben, gut vermengen und kurz dünsten ➟ Fleischwürfel mit Marinade, Kurkumapulver und Tomaten in die Gewürzmischung geben, dann ca. 1 Tasse Wasser darüber geben, umrühren, Topf zudecken und kochen lassen, bis die Fleischwürfel gar sind ➟ Erbsen und Kartoffeln zum Fleisch geben und kochen lassen, bis die Kartoffeln und die Erbsen gar sind ➟ das Curry abschmecken und heiß mit Reis servieren.

☆☆☆☆☆☆☆☆☆☆☆☆

Bittergurke mit Fleisch

Zutaten:

250 g Fleischstück, in dünne Streifen schneiden (ca. 3 bis 4 cm lang) 
1 mittelgroße Bittergurke, in ca. 1 cm Würfel schneiden
1 Zwiebel, schälen und in dünne Scheiben schneiden
1 Teelöffel mildes Paprikapulver
Ein Prise Chilipulver
Salz
Pfeffer
Öl

60

So wird es gemacht:

☺ Etwas Öl in einer tiefen Pfanne erhitzen ➟ Fleischstücke salzen und pfeffern und im heißen Öl braten, aus der Pfanne nehmen und beiseitestellen ➟ Zwiebeln und eventuell etwas Öl in die Pfanne geben und glasig dünsten, Bittergurke, Salz, Pfeffer, Paprikapulver und ein Prise Chilipulver zu den Zwiebeln geben, gut vermengen und köcheln lassen, bis die Bittergurkenwürfel fast gar sind ➟ gebratene Fleischstücke in die

Pfanne geben, gut vermengen und köcheln lassen, bis alles in der Pfanne gar ist ➟ heiß mit Reis und eventuell Soße servieren.

☆☆☆☆☆☆☆☆☆☆☆

Chayot mit Fleisch

Zutaten:

1 kleine Chayotfrucht
250 g Fleisch, in Würfel schneiden (ca. 1,5 bis 2 cm), waschen und abtropfen lassen
1 kleine Zwiebel oder Schalotte, schälen und hacken

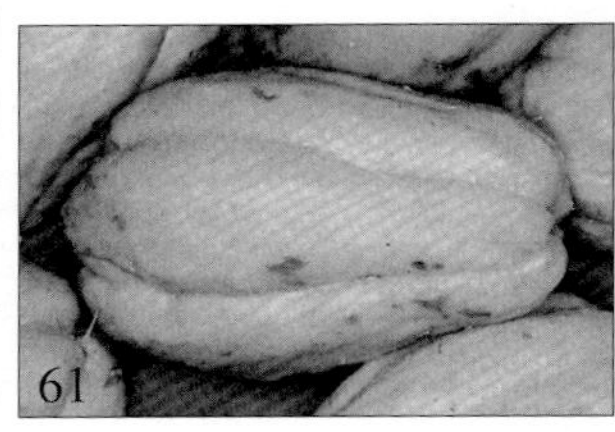

61

1 bis 2 Knoblauchzehen, schälen, mit etwas Salz in einen Mörser geben und zerdrücken
1 bis 2 kleine Chilischoten
1 Tomate, hacken
1 Teelöffel Paprikapulver
1/4 Teelöffel Ingwerpulver
Salz
Pfeffer
Öl

So wird es gemacht:

☺ Chayotfrucht schälen, halbieren und die Samen mit einem Löffel entfernen, dann in dünne Streifen schneiden (ca. 3 cm) und unter fliesendem Wasser waschen, damit die bitteren Säfte aus dem Fruchtfleisch entfernt werden.

☺ Ein paar Esslöffel Öl in einen Topf geben und erhitzen, Zwiebeln dazugeben und glasig dünsten, Knoblauchpaste und Fleischwürfel zu den Zwiebeln geben, salzen und pfeffern und braten, bis das Fleisch fast gar ist ➟ Chayotwürfel, Chilischoten, Ingwer, Paprikapulver und Tomaten untermengen und gar dünsten ➟ abschmecken und servieren.

☆☆☆☆☆☆☆☆☆☆☆☆

Fleisch mit Rettich Methode 1

Zutaten:

500 g Schweinefleisch mit etwas Fett
2 Rettiche, Stielansätze abschneiden, schälen und in dicke Scheiben schneiden
3 bis 4 Zwiebeln, schälen und vierteln
1 bis 2 Tomaten, grob hacken
4 bis 5 cm Ingwerwurzel, schälen und etwas zerdrücken
4 bis 5 Knoblauchzehen, schälen und vierteln
1 Teelöffel mildes Paprikapulver
1/4 Teelöffel Chilipulver
1 Esslöffel Sojasoße
Salz
Pfeffer

So wird es gemacht:

☺ Alle Zutaten „außer Rettich" in einen Topf geben, mit Wasser bedecken und Topf zudecken, dann kurz zum Kochen bringen und bei schwacher Hitze köcheln lassen, bis das Fleisch gar ist ➟ Rettich zum Fleisch geben, untermengen und köcheln lassen, bis der Rettich gar ist.
☺ Topf vom Herd nehmen, Fleischstück aus dem Topf nehmen, in Scheiben schneiden und in eine Servierschale geben ➟ mit einem Schaumlöffel das Gemüse aus dem Topf nehmen und zum Fleisch geben, etwas Soße darüber gießen und heiß servieren. Dazu passt Chilisoße (siehe Seite 40) und eventuell Reis oder Tsampa.

☆☆☆☆☆☆☆☆☆☆☆☆

Methode 2

Zutaten:

500 g Fleischstück, Sorte nach Belieben, in dünne Streifen schneiden, dann in ca. 3 bis 4 cm Stücke zerkleinern
1 großer Rettich, Stielansatz abschneiden, schälen und in Scheiben schneiden
2 bis 3 Esslöffel Sojasoße
1 bis 2 Schalotten, schälen und in Scheiben schneiden
1 Teelöffel Ingwerpulver
1 Teelöffel mildes Paprikapulver
Salz
Pfeffer
Öl

So wird es gemacht:

☺ Fleischstücke, Rettich, Sojasoße, Ingwerpulver, Paprikapulver, etwas Salz und Pfeffer in eine Schale geben, gut vermengen und beiseitestellen.
☺ Etwas Öl in einer tiefen Pfanne oder einem Topf erhitzen, Zwiebeln dazugeben und glasig dünsten ➟ Fleischstücke aus der Marinade nehmen, zu den Zwiebeln geben und braten, bis die Flüssigkeit verdampft ist ➟ Rettich und Marinade zum Fleisch geben, gut vermengen und köcheln lassen, bis der Rettich gar ist, dann abschmecken und heiß servieren.

☆☆☆☆☆☆☆☆☆☆☆

Scharfes Steak

Zutaten:

500 g Steak, vierteln, in sehr dünne Scheiben scheiden, waschen und abtropfen lassen

2 scharfe Chilischoten, Stielansätze abschneiden und in dünne Streifen schneiden

1/4 Teelöffel Chinesischer Pfeffer

1 große Schalotte oder rote Zwiebel, schälen und hacken

1 große Tomate, hacken

1 bis 2 Knoblauchzehen, schälen und mit etwas Salz zerdrücken

1/2 Teelöffel Ingwerpulver

1 Teelöffel mildes Paprikapulver

Öl

Vermerk:

① Bevor Sie die Chilis anfassen, ziehen Sie bitte Gummihandschuhe an, damit wird verhindert, dass ätherische Öle Ihnen Hautjucken verursachen. Außerdem berühren Sie nicht Ihre Augen während des Arbeitens mit Chili,

Chili nur mit kaltem Wasser waschen.

② Chinesischer Pfeffer wird auch Szechuan Pfeffer, Japanischer Pfeffer oder Anispfeffer genannt.

So wird es gemacht:

☺ Ein paar Esslöffel Öl in einem Topf oder einer tiefen Panne erhitzen, Zwiebeln dazugeben und dünsten, bis sie Farbe annehmen ➡ Knoblauch, Ingwer, Chili, Paprikapulver, Salz und Pfeffer zu den Zwiebeln geben und gut vermengen ➡ Fleischstücke zu den Zwiebeln geben und braten bis sie Farbe annehmen ➡ ca. 1 Tasse Wasser und Tomaten zum

Fleisch geben, gut vermengen, Topf oder Pfanne zudecken und köcheln lassen, bis das Fleisch weich ist ➟ mit Salz und Pfeffer abschmecken und heiß servieren.

☆☆☆☆☆☆☆☆☆☆☆☆

Scharfes Steak in Tomatensoße

Zutaten:

500 g Steak, in ca. 4 bis 5 cm dünne Streifen schneiden, waschen und abtropfen lassen
1 mittelgroße rote Zwiebel, schälen und hacken
2 cm Ingwerwurzel, schälen und reiben oder fein hacken
2 bis 3 Knoblauchzehen, mit etwas Salz in einem Mörser zerdrücken
1 Dose Tomaten
4 bis 5 Chilischoten, Stielansätze abschneiden und hacken. Man kann die Chilis auch ganz lassen
1 Teelöffel geröstete Koriandersamen
1 Teelöffel Kreuzkümmelsamen
Ein paar Nelken
1 Teelöffel mildes Paprikapulver
Samen einer grünen Kardamomkapsel
1/4 Teelöffel Bockshornkleesamen
Salz
Pfeffer
Öl oder Butter

So wird es gemacht:

☺ Tomatendose aufschneiden ➟ ein Sieb auf eine Schale legen und den Doseninhalt in das Sieb geben.
☺ Gewürze in einen Mörser geben und zerdrücken.
☺ Ein paar Esslöffel Butter oder Öl in einer tiefen Pfanne oder einem Topf erhitzen ➟ Zwiebeln im heißen Öl dünsten, bis sie Farbe annehmen, Ingwer und Knoblauchpaste untermen-

gen und kurz dünsten, dann die im Sieb befindlichen Tomaten zur Zwiebelmischung geben, gut vermengen und ein paar Minuten köcheln lassen ➟ gehackten Chili untermengen und weiter dünsten, bis die Chiliwürfel weich sind ➟ zerdrückte Gewürze dazugeben und gut vermengen ➟ mit Salz und Pfeffer abschmecken.

☺ Fleischstücke in Butter oder Öl braten, bis sie Farbe annehmen.

☺ Backofen auf 180°C vorheizen.

☺ Die fertig gedünsteten Zutaten in eine Auflaufform geben und gut verteilen, dann die Fleischstücke darauf geben, Tomatensaft darüber gießen und im Backofen ca. 25 bis 30 Minuten backen. Falls die Flüssigkeit fast verdampft ist, etwas Tomatensaft darüber geben.

Vermerk:

Falls das Gericht nicht scharf genug ist, kann es mit Chilipulver noch schärfer gemacht werden.

☆☆☆☆☆☆☆☆☆☆☆

Chinakohl mit Fleisch

Zutaten:

1/2 Chinakohl, Blätter in ca. 4 cm Stücke schneiden, waschen und abtropfen lassen
500 g Fleisch, in ca. 2 bis 3 cm Würfel schneiden, waschen und abtropfen lassen
2 bis 3 mittelgroße Tomaten, hacken
1 bis 2 cm Ingwerwurzel, schälen und reiben oder zerdrücken
1 Zwiebel, hacken
2 bis 3 Esslöffel Sojasoße
1/4 Teelöffel Pimentpulver
Salz und Pfeffer
Öl

So wird es gemacht:

☺ Zwiebeln in einem Topf mit etwas Öl glasig dünsten, Ingwer und Tomaten dazugeben, gut vermengen und dünsten, bis die Flüssigkeit verdampft ist ➟ Fleischwürfel zur Zwiebelmischung geben und braten. Eventuell Öl nachgießen ➟ Sojasoße, Pimentpulver etwas Salz und Pfeffer darüber geben und gut vermengen, dann ca. 1 Tasse Wasser darüber gießen, Topf zudecken und köcheln lassen, bis das Fleisch gar ist ➟ Chinakohlblätter zum Fleisch geben, Topf zudecken und ca. 10 Minuten garen ➟ abschmecken und heiß mit Reis servieren.

☆☆☆☆☆☆☆☆☆☆☆

Eiercurry

Zutaten:

8 Eier
1 Zwiebel, schälen und in dünne Scheiben schneiden
2 bis 3 Knoblauchzehen, schälen und mit etwas Salz zerdrücken
2 Tomaten, hacken
1 Tasse Tomatensaft, oder 1 bis 2 Esslöffel Tomatenmark, in 1 Tasse warmen Wasser auflösen
1 bis 2 cm Ingwerwurzel, schälen und reiben oder fein hacken
1/2 Teelöffel Korianderpulver
1/2 Teelöffel Currypulver
1 Teelöffel mildes Paprikapulver
1/2 Teelöffel Kurkumapulver
1/4 Teelöffel Nelkenpulver
Salz
Pfeffer
Öl, Butter oder Ghee

So wird es gemacht:

☺ Eier in kochendem Wasser hart kochen (ca. 10 Minuten), abkühlen lassen, Schale entfernen und die Eier beiseitestellen.

☺ Currysoße fertigstellen:
Etwas Öl in einer tiefen Pfanne erhitzen ➟ Zwiebelscheiben im heißen Öl glasig dünsten, Knoblauchpaste und Ingwer zu den Zwiebeln geben und kurz dünsten, Tomaten untermengen und dünsten, bis die Flüssigkeit fast verdampft ist ➟ Tomatenmark darüber gießen, dann die Gewürze und Salz dazugeben, gut vermengen und 10 Minuten köcheln lassen. Falls die Flüssigkeit verdampft ist, Tomatensaft dazugeben ➟

Soße mit Salz und Pfeffer abschmecken, Eier in die Soße geben, ein paar Minuten köcheln lassen und heiß servieren.

☆☆☆☆☆☆☆☆☆☆☆

Hähnchencurry

Zutaten:

1 Hähnchen, zerlegen, waschen und abtropfen lassen
1 große Zwiebel, schälen und hacken
2 cm Ingwerwurzel, schälen und reiben oder fein hacken
2 große Tomaten, hacken
2 bis 3 Knoblauchzehen, schälen und fein hacken
2 Knoblauchzehen, schälen und mit etwas Salz zerdrücken
1½ Tassen Joghurt
3 bis 4 Esslöffel Sojasoße
Ein Prise Chilipulver
1 Teelöffel mildes Paprikapulver
1 Teelöffel Currypulver
1/2 Teelöffel Kurkumapulver
1 Teelöffel Garam Masala (indische Gewürzmischung)
1/4 Teelöffel Nelkenpulver
1/2 Teelöffel Zimtpulver
Salz
Pfeffer
Öl

So wird es gemacht:

☺ 1½ Tassen Joghurt, etwas Salz, 4 Esslöffel Sojasoße, eine Prise Chilipulver und Knoblauchpaste in eine große Schale geben und gut verrühren, Hähnchenteile in der Marinade wälzen, Schale zudecken und über Nacht stehen lassen. Zwischendurch die Hähnchenteile wenden.

☺ 4 bis 5 Esslöffel Öl in einem Topf erhitzen, Zwiebeln dazugeben und glasig dünsten ➟ gehackten Knoblauch, Paprikapulver, Currypulver, Kurkuma, Garam Masala, Nelkenpulver, Zimtpulver, Salz und Pfeffer zu den Zwiebeln geben und gut vermengen, dann Ingwer und Tomaten dazugeben, gut vermengen und ein paar Minuten dünsten (die Flüssigkeit darf nicht verdunsten) ➟ Hähnchenteile mit Marinade in den Topf geben und gut vermengen ➟ Topfinhalt kurz zum Kochen bringen, Topf zudecken und bei schwacher Hitze köcheln lassen, bis das Fleisch gar ist. Falls viel Flüssigkeit verdunstet ist, etwas Joghurt oder Wasser dazugeben und rühren ➟ Soße mit Salz und Pfeffer abschmecken und heiß servieren.

☆☆☆☆☆☆☆☆☆☆☆☆

Scharfes Hähnchencurry

Zutaten:

1 Hähnchen, zerlegen, Knochen und Haut vom Fleisch entfernen, dann Fleisch in große Würfel schneiden, waschen und abtropfen lassen
1 große Dose eingelegte Tomaten
3 bis 4 oder mehr Chilischoten
1 Esslöffel Tomatenmark, in 1 Tasse warmen Wasser auflösen
1 große Zwiebel, schälen und hacken
2 bis 3 cm Ingwerwurzel, schälen und reiben
3 bis 4 Knoblauchzehen, schälen, mit etwas Salz in einen Mörser geben und zerdrücken
Salz
Pfeffer
Öl, Butter oder Butterfett (Ghee)

Gewürze:

1 Teelöffel Bockshornkleesamen, zerdrücken
1 Teelöffel Garam Masala
1 Teelöffel Kreuzkümmelpulver
1/2 Teelöffel Korianderpulver
1/2 Teelöffel Chilipulver
1 Teelöffel mildes Paprikapulver

Vermerk:

① Bevor Sie die Chilis anfassen, ziehen Sie bitte Gummihandschuhe an, damit wird verhindert, dass ätherische Öle Ihnen Hautjucken verursachen. Außerdem berühren Sie nicht Ihre Augen während des Arbeitens mit Chili,
Chili nur mit kaltem Wasser waschen.
② Chinesischer Pfeffer wird auch Szechuan Pfeffer, Japanischer Pfeffer oder Anispfeffer genannt.

So wird es gemacht:

☺ Gewürze in eine kleine Schale geben, etwas Wasser darüber geben und gut verrühren.

☺ Ein paar Esslöffel Öl, Butter oder Butterfett in einer tiefen Pfanne erhitzen, Hähnchenfleisch mit Salz und Pfeffer bestreuen und braten, bis es Farbe annimmt, aus der Pfanne nehmen und beiseitestellen ➟ Zwiebeln in die Pfanne geben (Eventuell mehr Öl, Butter oder Butterfett dazugeben) und glasig dünsten, Ingwerwurzel und Knoblauchpaste untermengen und kurz dünsten, dann die Gewürze dazugeben und gut verrühren ➟ eingelegte Tomaten mit Saft und die Chilis zu den Zwiebeln geben, gut verrühren, Pfanne zudecken und für ca. 5 Minuten köcheln lassen ➟ gebratenes Hähnchenfleisch in die Soße geben, Pfanne zudecken und ca. 15 Minuten köcheln lassen, bis das Fleisch gar ist. Falls die Flüssigkeit verdampft ist, aufgelöstes Tomatenmark darüber gießen ➟ mit Salz, Pfeffer und Chilipulver abschmecken und heiß servieren.

☆☆☆☆☆☆☆☆☆☆☆

Gebratenes Hähnchenfleisch in scharfer Soße

Zutaten:

1 kg Hähnchenfleisch ohne Knochen und Haut, in kleine Würfel schneiden, waschen und abtropfen lassen
1 große Zwiebel, schälen und hacken
2 mittelgroße Tomaten, hacken
1 cm Ingwerwurzel, schälen und reiben
1 cm Ingwerwurzel, schälen und fein hacken
2 bis 3 Knoblauchzehen, schälen, mit etwas Salz in einen Mörser geben und zerdrücken
1 Knoblauchzehe, schälen und fein hacken
1/2 Teelöffel Paprikapulver
1 bis 2 scharfe Chilischoten, Stielansätze abschneiden, der länge nach halbieren, Samen entfernen und fein hacken
4 bis 5 Esslöffel Sojasoße
1/4 Teelöffel Chinesischer Pfeffer
Salz
Öl

Vermerk:
Arbeiten mit Chilis, siehe Seite 100

So wird es gemacht:

☺ Hähnchenfleisch, Sojasoße, gehackten Ingwer, gehackten Knoblauch, Paprikapulver, Chinesischen Pfeffer und Salz in eine Schale geben und gut vermengen, Schale zudecken und ein paar Stunden (oder über Nacht) stehen lassen.

☺ Ein paar Esslöffel Öl in einer tiefen Pfanne erhitzen ➡ Fleischwürfel nach und nach aus der Marinade nehmen und im heißen Öl braten, bis die Würfel Farbe annehmen, dann aus der Pfanne nehmen und beiseitestellen.

☺ In der Pfanne, in der das Fleisch gebraten wurde auch die Zwiebeln glasig dünsten ➟ Tomaten, Knoblauchpaste, geriebene Ingwerwurzel, gehackten Chili und etwas Salz zu den Zwiebeln geben, gut vermengen und ein paar Minuten köcheln lassen, dann die Marinade dazugeben und bei schwacher Hitze weiter köcheln, bis ein Teil der Soße verdampft ist ➟ Soße mit Salz und Chilipulver abschmecken, gebratenes Hähnchenfleisch in die Soße geben und gut vermengen, ein paar Minuten erhitzen und heiß mit Reis servieren.

☆☆☆☆☆☆☆☆☆☆☆

Gekochtes Hähnchen

Zutaten:

1 Hähnchen, zerlegen, Haut entfernen, waschen und abtropfen lassen
1 Bund Koriander, Blätter waschen und hacken
1 große Zwiebel, schälen und hacken
2 große, reife Tomaten, hacken
2 bis 3 Knoblauchzehen, schälen und fein hacken
1 bis 2 cm Ingwerwurzel, schälen und fein hacken
1 getrocknete Chilischote, Stielansatz abschneiden, der Länge nach halbieren, Samen entfernen und fein hacken
1 Chilischote
1/2 Teelöffel Kreuzkümmelsamen
1 Kardamomkapsel, anschneiden
Ein paar Nelken, zerdrücken
1 Paar Pimentkörner, zerdrücken
1/2 Teelöffel mildes Paprikapulver
1/2 Teelöffel Kurkumapulver
2 cm Zimtstange
Salz und Pfeffer
Öl

So wird es gemacht:

☺ 3 bis 4 Esslöffel Öl in einem Topf oder einer tiefen Pfanne erhitzen ➟ Kreuzkümmelsamen in das heiße Öl geben und kurz braten ➟ Zwiebeln, Knoblauch, Ingwer und gehackten Chili dazugeben, gut vermengen und dünsten, bis die Zwiebeln Farbe annehmen ➟ Zimt, Kardamom, Nelken und Piment zu den Zwiebeln geben, gut vermengen und kurz dünsten ➟ Hähnchenteile, Kurkuma, Paprikapulver, Salz und Pfeffer zur Gewürzmischung geben, gut vermengen und ein paar Minuten braten, bis das Fleisch Farbe annimmt ➟ ca. 3/4 Tasse Wasser zum Fleisch geben, umrühren und kurz zum Kochen bringen, Topf zudecken und ca. 25 bis 30 Minuten köcheln lassen ➟ gehackte Tomaten, Koriander und Chilischote zum Fleisch geben, abschmecken, Topf zudecken und weitere 8 bis 10 Minuten köcheln lassen, abschmecken und heiß servieren.

☆☆☆☆☆☆☆☆☆☆☆

Nudeln mit Gemüse
Tsel Phing

Zutaten:

250 g Nudeln (Eier- oder Reisnudeln)
1 Hähnchenbrust, in kleine Würfel schneiden, waschen und abtropfen lassen
1/2 Tasse frische Erbsen
1 Mohrrübe, Stielansatz abschneiden, schälen, halbieren, dann vierteln und in Würfel schneiden
2 bis 3 Lauchzwiebeln, Stielansätze abschneiden, gewelkte Blätter entfernen und hacken
1 kleine Schalotte oder Zwiebel, schälen und fein hacken
1 Knoblauchzehe, schälen, mit etwas Salz in einen Mörser geben und zerdrücken

2 bis 3 Esslöffel Sojasoße
1 große Tomate, Haut abziehen, halbieren, Samen entfernen und hacken (siehe Seite 43)
1 lange milde Peperoni, Stielansatz abschneiden, der Länge nach halbieren, Samen entfernen und hacken
1 Teelöffel mildes Paprikapulver
1 Tasse Tomatensaft
Salz
Pfeffer
Öl

So wird es gemacht:

☺ Nudeln in reichlich gesalzenem Wasser gar kochen, in ein Sieb geben und abtropfen lassen, etwas Öl darüber träufeln, gut vermengen und beiseitestellen.
☺ Etwas Öl in einer tiefen Pfanne erhitzen ➟ Hähnchenwürfel im heißen Öl braten, bis sie Farbe annehmen, salzen und pfeffern, aus der Pfanne nehmen und beiseitestellen.
☺ Ein paar Esslöffel Öl in die Pfanne, in der das Hähnchenfleisch gebraten wurde, geben und erhitzen ➟ Zwiebeln im heißen Öl glasig dünsten, Knoblauchpaste und Tomaten untermengen und dünsten, bis ein Teil der Flüssigkeit verdampft ist ➟ Tomatensaft, Paprikapulver und Sojasoße in die Pfanne geben und gut verrühren, dann Lauchzwiebeln, Mohrrüben, Peperoni und Erbsen dazugeben, kurz zum Kochen bringen und bei schwacher Hitze ca. 5 Minuten köcheln lassen ➟ gebratenes Hähnchenfleisch in die Soße geben, Pfanne zudecken und ein paar Minuten köcheln lassen, bis das Gemüse und das Fleisch gar sind. Falls viel Flüssigkeit verdampft ist, Tomatensaft darüber geben ➟ Soße mit Salz und Pfeffer abschmecken, gekochte Nudeln in die Pfanne geben, gut vermengen und heiß servieren.

☆☆☆☆☆☆☆☆☆☆☆

Glasnudeln mit Fleisch

Zutaten:

1 Packung transparente Nudeln, Herstellerangaben beachten
250 g Fleischstück, in kleine Würfel schneiden, waschen und abtropfen lassen
15 g getrocknete Shii-Take Pilze, Herstellerangaben beachten
1 Schalotte, schälen und in dünne Scheiben schneiden

64 Shii-Take-Pilze

1 Knoblauchzehe, schälen und fein hacken
1 cm Ingwerwurzel, schälen und reiben oder fein hacken
2 Tomaten, in dünne Scheiben schneiden
3 bis 4 Esslöffel Sojasoße
Chilipulver, Menge nach Geschmack
Salz
Pfeffer
Öl

Vermerk:
Statt Fleisch kann Tofu verwendet werden.

So wird es gemacht:

☺ Pilze zubereiten:
Getrocknete Pilze unter fließendem Wasser waschen ➟ Pilze in einen Topf geben, reichlich Wasser darüber gießen und ca. 25 Minuten einweichen, in ein Sieb geben und abtropfen lassen ➟ reichlich Wasser in einen Topf geben und zum Kochen bringen, die eingeweichten Pilze in das kochende Wasser geben und ca. 15 Minuten garen, in ein Sieb geben und abtropfen lassen.

☺ Ein paar Esslöffel Öl in einer tiefen Pfanne erhitzen, Fleischwürfel, etwas Salz und Pfeffer in das heiße Öl geben und braten, bis das Fleisch gar ist, aus der Pfanne nehmen und beiseitestellen.

☺ In der gleichen Pfanne die Zwiebeln glasig dünsten, Tomaten, Ingwer, Knoblauch, Salz, Pfeffer und Chilipulver untermengen, dann die Pilze dazugeben und ein paar Minuten dünsten ➟ gebratene Fleischwürfel (oder Tofu) dazugeben, gut vermengen und 3 bis 4 Minuten dünsten ➟ Glasnudeln brechen und in die Pfanne geben ➟ Sojasoße und ca. 1/2 Tasse Wasser darüber gießen, Pfanne zudecken und ca. 5 bis 6 Minuten garen, dann abschmecken und heiß servieren.

☆☆☆☆☆☆☆☆☆☆☆

Tsampa, Teigspeisen und Getränke

Tsampa ist eine Mehlsorte aus gerösteter und gemahlener Gerste und wird in Tibet gerne gegessen. Tsampa wird mit Buttertee oder Tee und Butter verknetet und dann entweder als Teigkugel oder als Brei gegessen. Auch andere Gerichte werden mit Tsampa verfeinert.

Tsampa Teig - Marpag (Butterteig)

Zutaten:

75 g Tsampa Mehl
100 ml Buttertee (siehe Seite 126) oder schwarzer Tee
Prise Salz

Vermerk:
Falls schwarzer Tee verwendet wird, ca. 1 Esslöffel Butter für die Herstellung des Teiges verwenden.

So wird es gemacht:

☺ Schwarzen Tee oder Buttertee erkalten lassen ➟ Tsampamehl nach und nach zum warmen Tee geben und rühren ➟ Butter dazugeben und mit der Hand gut verkneten, bis ein fester Teig entstanden ist ➟ Tsampa je nach Geschmack mit Honig oder Zucker süßen, Teig flachdrücken und in kleine Würfel schneiden und zum Frühstück, zum Beispiel mit Quark, servieren.

❄❄❄❄❄❄❄❄❄❄

Tsampa Brei

Zutaten:

75 g Tsampa Mehl
1 Tasse schwarzer Tee, Buttertee (siehe Seite 126) oder Wasser.
Zucker oder Salz

So wird es gemacht:

☺ Warmen Tee oder Buttertee in eine Pfanne oder einen kleinen Topf geben, Mehl nach und nach dazugeben und rühren, dabei erhitzen, bis ein dicker Brei entstanden ist, mit Salz oder Zucker abschmecken und zum Frühstück servieren.

Variante 2

Zutaten:

100 g Tsampa Mehl
1/2 Liter Gemüsebrühe
2 bis 3 Esslöffel Butter

So wird es gemacht:

☺ Brühe in einen Topf geben, Mehl nach und nach dazugeben, gut verrühren und bei schwacher Hitze erhitzen, Butter in die Brühe geben und rühren, bis ein dicker Brei entstanden ist. Tsampa Brei kann mit Soße (siehe Seite 40 bis 47) serviert werden oder als Beilage zu Hauptgerichten.

❊❊❊❊❊❊❊❊❊❊

Fruchtiges Tsampa

Zutaten:

250 g Tsampa Mehl
Ca. 4 Esslöffel Butter
1 Teelöffel Zucker
3/4 Tasse Milch
100 bis 150 g verschiedene, getrocknete Früchte, hacken:
  Aprikosen, Rosinen ohne Kerne, Beeren. Man kann auch Datteln verwenden
Eventuell ein paar Esslöffel Apfelmus oder eine andere Mussorte

So wird es gemacht:

☺ Mehl, Butter und Zucker in eine Schale geben und mit der Hand vermengen, Milch nach und nach dazugeben und zu einem Teig verkneten, dann den Teig in 2 Teile teilen und ausrollen ➟ zerkleinerte Früchte mit dem Apfelmus vermengen und auf einem Teigfladen verteilen, den zweiten Fladen darauf legen und etwas andrücken ➟ den gefüllten Teig mit Plastikfolie umwickeln und ein paar Stunden im Kühlschrank stehen lassen, dann in Streifen oder Würfel schneiden und zum Frühstück oder zu Hauptgerichten servieren.

Variante 2

Teig wie oben beschrieben fertigstellen und zu einem Fladen ausrollen, dann mit Hilfe einer Tasse kleine Kreise ausstechen ➟ etwas Füllung auf die Fladen geben, zu Kugeln formen, mit Frischhaltefolie abdecken und ein paar Stunden kalt stellen.

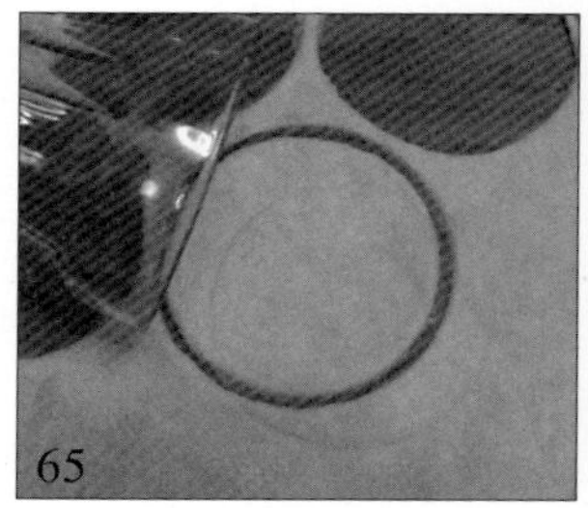
65

Variante 3

Zutaten:

150 g Tsampa Mehl
30 bis 40 g getrocknete Früchte, Sorte nach Belieben
1 bis 2 Esslöffel Apfelmus
1/2 Teelöffel Zimtpulver

So wird es gemacht:

☺ Getrocknete Früchte und etwas Wasser in einen Topf geben und kochen lassen, bis die Früchte weich sind ➟ Topf vom Herd nehmen, abkühlen lassen und die Früchte mit einer Gabel pürieren, Zimt und Apfelmus dazugeben und gut verrühren ➟ Mehl zur Fruchtmasse geben und rühren, dann nach und nach Wasser dazugeben und zu einem festen Teig verkneten, Teig zu kleinen Kugeln formen und einige Stunden in den Kühlschrank stellen.

❊❊❊❊❊❊❊❊❊❊

Gemüsesuppe mit Tsampa

Zutaten:

1 bis 2 Esslöffel Tasmpa Mehl
1/2 Tasse frische Erbsen
1/4 Tasse frische Maiskörner
Handvoll frische Spinatblätter, hacken
1/2 Tasse gehackter Lauch
Ein paar Blumenkohlröschen, zerkleinern
1 bis 2 Karotten, Stielansätze abschneiden, schälen und in kleine Würfel schneiden
1 lange, milde rote Peperoni, Stielansatz abschneiden, der Länge nach halbieren, Samen entfernen und in kleine Würfel schneiden oder 1/2 rote Paprikaschote
1 kleine Zwiebel, schälen und fein hacken
1 kleine Knoblauchzehe, schälen und mit etwas Salz zerdrücken
1/4 Teelöffel mildes Paprikapulver
1/4 Teelöffel Ingwerpulver
1/4 Teelöffel Kreuzkümmelpulver
Eine Messerspitze Chilipulver
Salz
Pfeffer
Öl

So wird es gemacht:

☺ 1 Tasse Wasser in eine Schale geben, ein feines Sieb in das Wasser tauchen (siehe Abb. 66), Mehl in das Sieb geben und rühren, bis das Mehl aufgelöst ist, dadurch wird verhindert, dass das Mehl klumpig wird.

66

☺ Etwas Öl in einen Topf geben und erhitzen, Zwiebeln dazugeben und glasig dünsten, Knoblauchpaste untermengen und kurz dünsten, dann das Gemüse in den Topf geben und gut mit den Zwiebeln vermengen ➟ aufgelöstes Tsampa und eine Tasse Wasser zum Gemüse geben, Gewürze dazugeben und rühren ➟ Topf zudecken und kurz zum Kochen bringen, dann bei schwacher Hitze köcheln lassen, bis das Gemüse gar ist ➟ mit Salz, Pfeffer und Chilipulver abschmecken und heiß servieren.

❊❊❊❊❊❊❊❊❊❊

Auflauf mit Tsampa

Zutaten:

Ca. 500 g verschiede Gemüsesorten:
- 2 Kartoffeln, schälen und in dünne Scheiben oder Stifte schneiden
- 1 bis 2 Karotten, Stielansätze abschneiden, schälen und in dünne Scheiben schneiden
- Erbsen
- Blumenkohl, die Röschen zerkleinern
- Blattspinat, grob hacken
- Broccoli, die Röschen zerkleinern
- Grüne Bohnen, halbieren oder vierteln
- 1 rote Paprikaschote, Stielansatz abschneiden, halbieren, Samen entfernen und grob hacken

Man kann auch andere Gemüsesorten verwenden

3 Esslöffel Tsampa Mehl
Ca. 250 ml Sahne und Milch
75 bis 100 g geriebener Käse
1/4 Teelöffel Kreuzkümmelpulver
1 Teelöffel mildes Paprikapulver
Chilipulver, Menge nach Geschmack
Salz und Pfeffer

So wird es gemacht:

☺ Gemüse in Salzwasser weich kochen, in ein Sieb geben und abtropfen lassen ➟ eine Auflaufform mit Butter fetten, das Gemüse in die Auflaufform geben, Gewürze darüber streuen und gut vermengen.

☺ Backofen auf 200°C vorheizen, dann die Temperatur auf 180°C reduzieren.

☺ Einen Teil der Flüssigkeit (Sahne und Milch) in eine Schale geben, das Tsampa Mehl darin auflösen (sieh Seite 112, Abb. 66) und über das Gemüse gießen.

☺ Die restliche Flüssigkeit in einen kleinen Topf geben und erhitzen, Käse dazugeben und ständig rühren, bis der Käse geschmolzen ist, dann über das Gemüse gießen.

☺ Auflaufform in den Backofen schieben und ca. 20 Minuten garen, bis die Oberfläche Farbe annimmt.

Vermerk:
Der Auflauf darf nicht zu lange im Backofen gegart werden, ansonsten verdunstet die Flüssigkeit und das Gericht wird trocken.

❁❁❁❁❁❁❁❁❁❁

Fladenbrot

Zutaten:

2 Tassen Mehl, sieben
1/2 Teelöffel Backpulver
1 Teelöffel Salz
Ca. 1 Tasse Wasser

Vermerk:
Zum besseren Geschmack, können 1½ Tassen Mehl und ½ Tasse Tsampa Mehl zur Herstellung der Fladenbrote verwendet werden.

So wird es gemacht:

☺ Mehl, Salz und Backpulver in eine Schale geben und gut vermengen, Wasser nach und nach dazugeben und zu einem festen Teig verkneten ➟ Teig zudecken und ca. 30 Minuten stehen lassen.

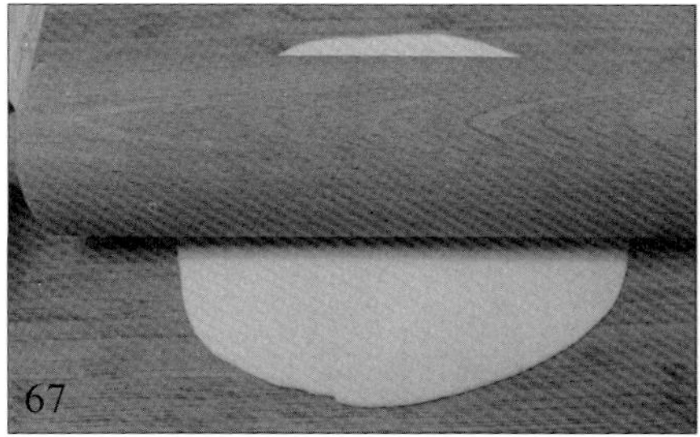
67

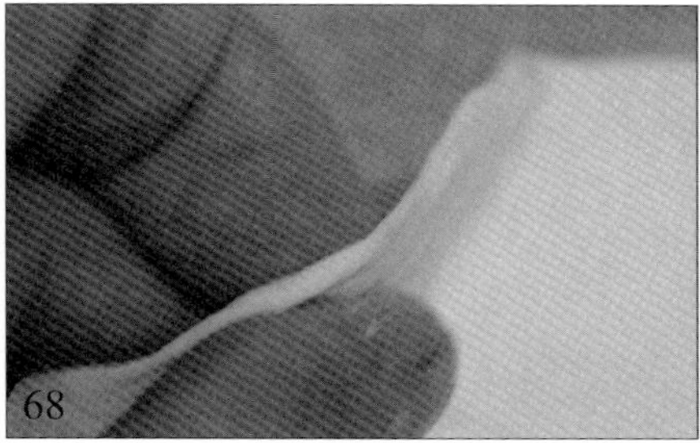
68

☺ Teig in vier Teile teilen und zu Kugeln formen ➟ etwas Mehl auf die Arbeitsplatte streuen, die Teigkugeln zu runden, flachen Fladen ausrollen (ca ½ cm dick) und ein paar Minuten stehen lassen.

☺ Eine Teflonpfanne auf die Herdplatte stellen und bei mittlerer Hitze erhitzen ➟ einen Teigfladen in die Pfanne geben und ca. 1 bis 2 Minuten von jeder Seite braten, bis die Fläche Farbe annimmt „öfter

69

wenden", dabei geht der Teig auf wie ein Ballon.

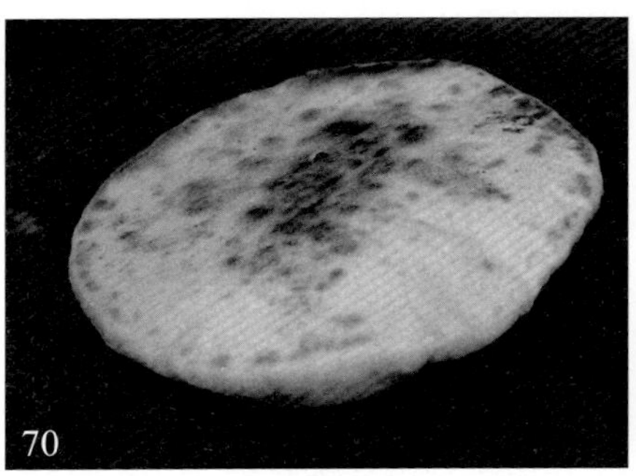
70

71

Vermerk:
Die Teigfladen können auch im Backofen bei ca. 200°C gegart werden (Abb. 71), das dauert ein paar Minuten, wenn die Oberfläche Farbe annimmt, sind die Fladen gar.

72

❊❊❊❊❊❊❊❊❊❊❊

Vollkornbrot - Alo Balep

Zutaten:

300 g Vollkornmehl, sieben
1 bis 2 Teelöffel Salz
25 g Butterfett (Ghee)
Lauwarmes Wasser

So wird es gemacht:

☺ Mehl in eine Schüssel geben ➟ Salz darüber geben und umrühren ➟ zerlassenes Butterfett dazugeben und kneten ➟ 1/4 Tasse warmes Wasser darüber geben und zu einem Teig verkneten ➟ Schüssel zudecken und 1 Stunde stehen lassen.
☺ Den Teig nochmals durchkneten ➟ zu kleinen Bällchen for-

men (ca. 10 Stück) und auf einem bemehlten Brett zu flachen Fladen ausrollen, ca. 12 cm Durchmesser.

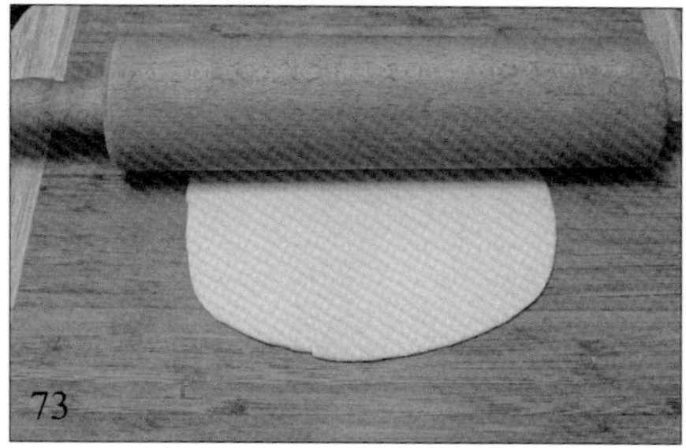
73

74

☺ Eine Pfanne, man kann auch ein Crêpegerät verwenden (Abb. 74), ohne Öl oder Fett auf mittlerer Flamme erhitzen (wenn man einen Tropfen Wasser hineinspritzt, soll er sofort verdampfen) ➟ einen Teigfladen hineingeben ➟ damit er nicht festklebt, hin- und herschieben, bis sich die untere Fläche verfärbt. Das dauert ca. 1 Minute, dann wenden und 1 weitere Minute backen ➟ aus der Pfanne nehmen und mit den restlichen Fladen auf dieselbe Weise verfahren ➟ bis zum Servieren warm halten ➟ Fladenbrot serviert man zu Hauptgerichten.

❊❊❊❊❊❊❊❊❊❊

Süßes Brot

Zutaten:

1½ Tassen Mehl, sieben
1 Teelöffel Backpulver
3 bis 4 Esslöffel Zucker
Warmes Wasser

So wird es gemacht:

☺ Zucker in ca. 1/4 Tasse warmen Wasser auflösen.

☺ Mehl und Backpulver in eine Schale geben und gut vermengen, Zuckerwasser und Wasser nach und nach zum Mehl geben und zu einem festen Teig verkneten ➟ Teig zu einer

Kugel formen, zudecken und ca. 30 Minuten stehen lassen. ☺ Teig in 4 Teile teilen, zu Kugeln formen und ausrollen (ca. 0,5 cm dick) ➟ eine Teflonpfanne ohne Fett oder Öl auf die Kochplatte stellen und bei mittlerer Hitze erhitzen ➟ Teigfladen in die Pfanne geben und von beiden Seiten ca. 5 Minuten braten. Öfter wenden, aus der Pfanne nehmen und mit den restlichen Fladen auf dieselbe Weise verfahren ➟ Fladen abkühlen lassen. In Streifen schneiden und zum Frühstück servieren.

75

❋❋❋❋❋❋❋❋❋❋❋

Gebackenes Brot - Amdo Balep

Zutaten:

2 Tassen Mehl, sieben
1/2 Teelöffel Backpulver
1 Teelöffel Hefe
Salz
Prise Zucker
Öl

So wird es gemacht:

☺ Mehl in eine Schale geben und eine Mulde in die Mitte drücken ➟ Backpulver, Hefe und Zucker in eine kleine Schale geben und rühren, bis alles aufgelöst ist und in die Mulde geben ➟ Schale zudecken und stehen lassen, bis die Hefe aufgegangen ist ➟ Salz zum Mehl geben, nach und nach Wasser dazugeben und zu einem Teig verkneten, zum Schluss etwas Öl dazugeben und kneten ➟ Teig zudecken und ca. 1 Stunde stehen lassen, bis sich sein Volumen verdoppelt hat.

76

77

☺ Abb. 76: Etwas Mehl auf die Arbeitsfläche streuen und den Teig noch mal durchkneten, dann mit den Händen zu einem Fladen formen (ca. 3 cm dick).

☺ Abb. 77: Eine feuerfeste Form mit Öl bepinseln, auch den Rand.

78

79

☺ Teigfladen in die Auflaufform geben, Deckel darauf stellen und ca. 1 bis 2 Stunden stehen lassen.

☺ Backofen auf 180°C vorheizen.

☺ Auflaufform in den Backofen schieben und ca. 20 bis 25 Minuten garen, bis die Oberfläche trocken ist, dann aus dem Ofen nehmen, den Teigfladen umdrehen und weitere 15 bis 20 Minuten garen, bis die Oberfläche Farbe annimmt ➟ Amdo Balep abkühlen lassen und zum Frühstück oder zu Hauptgerichten servieren.

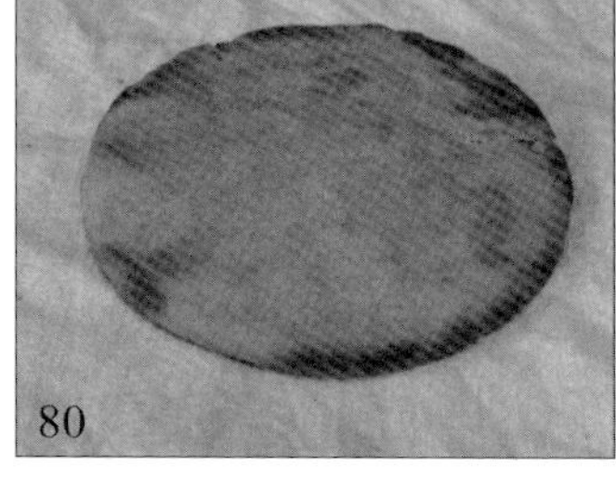
80

Gedämpfter Hefeteig - Tingmo

Zutaten:

2 Tassen Mehl, sieben
1 Teelöffel Hefe
1/2 Teelöffel Backpulver
1 Esslöffel Öl oder zerlassene Butter

So wird es gemacht:

☺ Mehl in eine Schüssel geben und eine Mulde in die Mitte drücken ➟ Hefe und Backpulver in eine Schale geben, etwas Wasser dazugeben und rühren, bis alles aufgelöst ist, dann in die Mulde geben ➟ Schüssel zudecken und ca. 20 Minuten stehen lassen, bis die Hefe aufgegangen ist ➟ nach und nach Wasser zum Mehl geben und zu einem Teig verkneten, Teig zudecken und ca. 1 Stunde stehen lassen, bis sich sein Volumen verdoppelt hat.

☺ Teig bearbeiten:
Es gibt verschiede Arten den Teig zu formen und zu dämpfen:
Die einfachste Art ist es den Teig zu einer Rolle zu formen und in Stücke zu schneiden (Abb. 81), dann jedes Stück zu Kugeln formen (Größe nach Belieben).

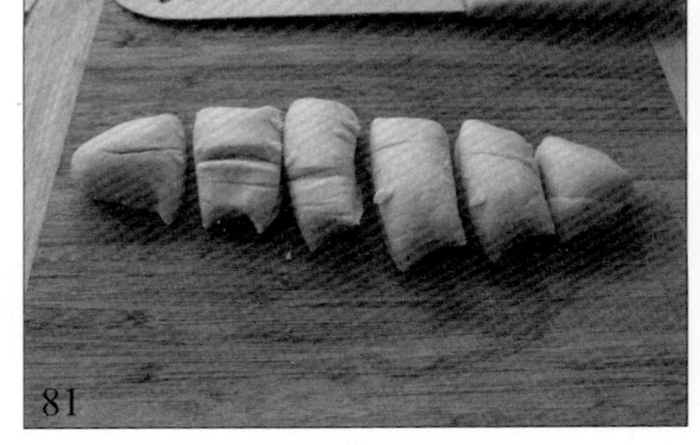
81

Andere Möglichkeiten:
Teig zu einem großen, dünnen Rechteck ausrollen, dann etwas Öl auf die Oberfläche geben und gut verteilen.

82

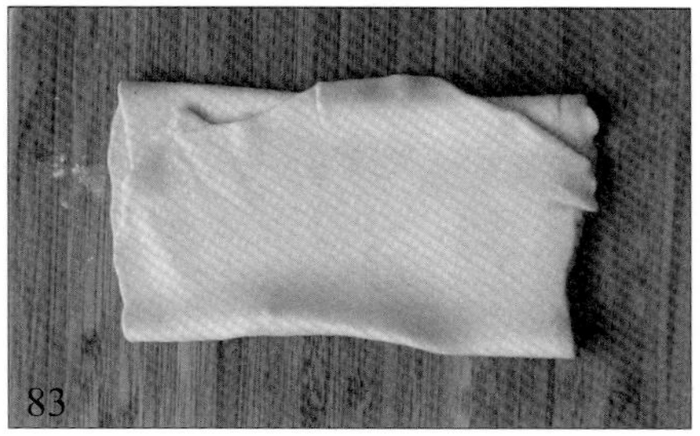

Abb. 83 und 84:Eine Seite des Fladens bis zur Mitte zuklappen, dann die andere Seite darauf klappen und in Streifen schneiden, dann 3 bis 4 Streifen aufeinander legen.

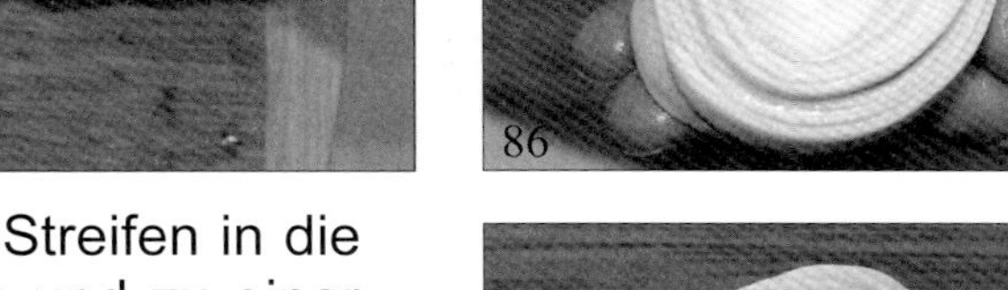

Abb. 85: Die Streifen in die Länge ziehen und zu einer Feder drehen.
Abb. 86 und 87: Teigstreifen zu einem Kreis formen und zu einer Rose drehen. Den geformten Teig zudecken und ca. 15 Minuten ruhen lassen, danach können die Teigformen gedämpft werden.

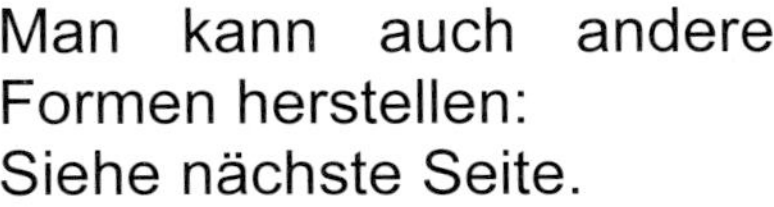

Man kann auch andere Formen herstellen:
Siehe nächste Seite.

89

90

91

92

Hefeteig dämpfen:
Wasser in einen Dampfkochtopf geben, Dampfsieb mit Backpapier belegen, damit der Teig nicht im Sieb klebt, Teigformen hineinlegen,
Topf zudecken und ca. 15 bis 20 Minuten garen.

93

<u>Vermerk:</u>
Falls kein Backpapier zur Hand ist, das Sieb mit Öl bepinseln, auch ohne extra Dampfkochtopf kann der Hefeteig gedämpft werden, siehe nächste Seite, Abb. 95 und 96.

94

Dämpfen ohne Dampfkochtopf:

95

96

Wasser in einen Topf geben, ein Küchentuch über den Topf spannen, die Hefeteigformen auf das Tuch legen, Topf zudecken und ca. 15 bis 20 Minuten garen.

❄❄❄❄❄❄❄❄❄❄❄

Gebratene Hefeteigfladen

Zutaten und Bearbeitung des Teiges: Siehe Seite 120.

97

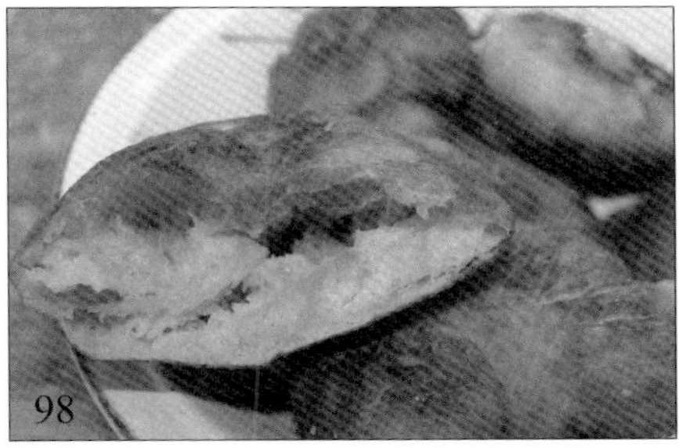
98

☺ Teig zu kleinen Fladen ausrollen (ca. 1 cm dick).
☺ Öl in einer Pfanne auf mittlerer Hitze erhitzen ➡ Teigfladen in das heiße Öl geben und von beiden Seiten goldbraun braten. Während des Bratens öfter wenden ➡ zum Frühstück servieren.

❄❄❄❄❄❄❄❄❄❄❄

Kapseh

Zutaten:

2 Tassen Mehl, sieben
1/2 Tasse Zucker
1/4 Tasse Öl oder zerlassene Butter
Milch oder Wasser
Öl, zum Braten

So wird es gemacht:

☺ Mehl in eine Schüssel geben und mit dem Finger eine Mulde in die Mitte drücken, Butter oder Öl in die Mulde geben, Zucker zum Mehl geben und mit der Hand gut vermengen ➟ nach und nach Milch oder Wasser zum Mehl geben und zu einem Teig verkneten.

☺ Teig formen:
Es gibt verschiedene Arten den Teig zu formen.

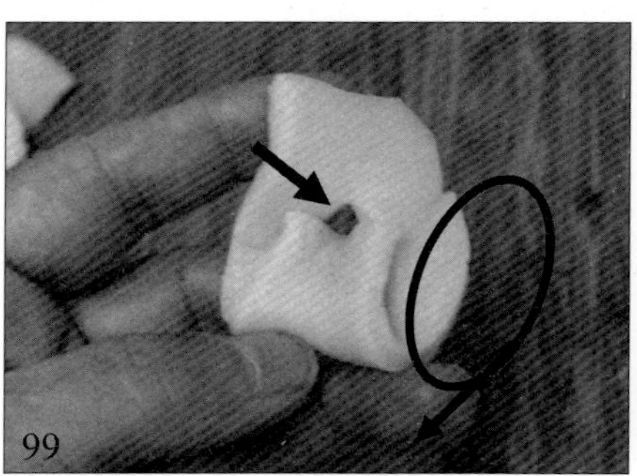
99

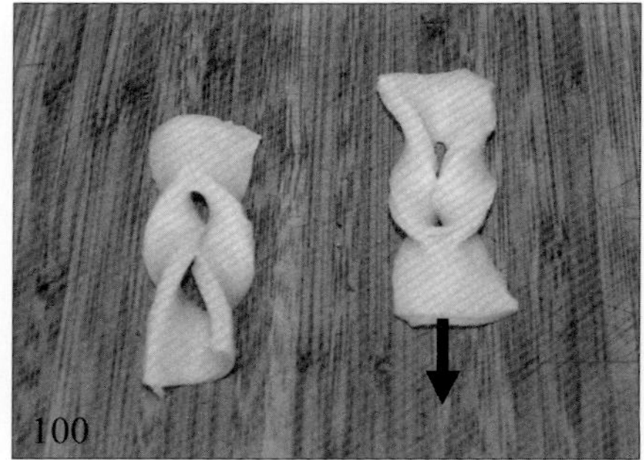
100

Einfache Form: Teig flach ausrollen und in ca. 2 bis 3 cm Streifen schneiden, dann die Streifen in ca. 4 bis 5 cm Stücke schneiden und jedes Stück in der Mitte anschneiden, jetzt schiebt man ein Ende durch den Schlitz (Abb. 99) und zieht es gerade (Abb. 100).

Tibetische Form:
① Teig flach ausrollen und die Oberfläche mit Mehl bestreuen, dann den Teig (Abb. 101)

101

um das Holznudel legen und rollen, den überschüssigen Teig mit einem Messer abtrennen ➟ die Teignaht mit dem Nudelholz pressen (Abb. 102) und das Nudelholz rausziehen.

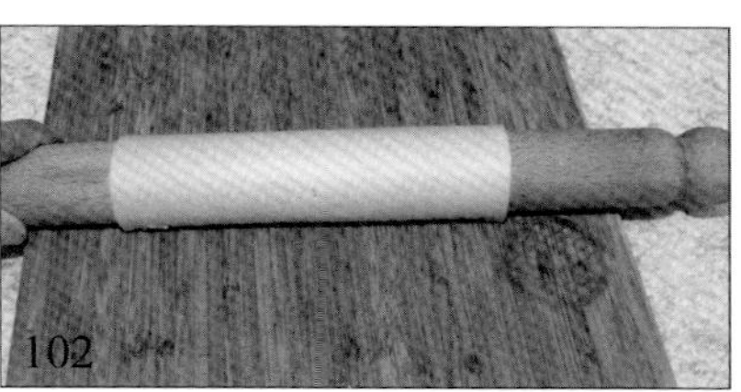
102

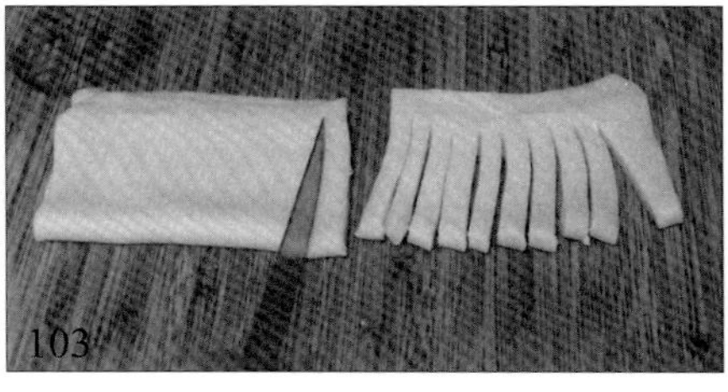
103

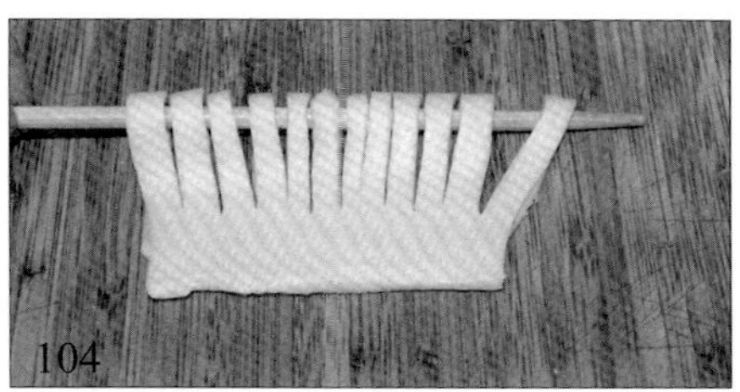
104

② Teigrolle halbieren und wie in Abb. 103 in Streifen schneiden (8 oder mehr Streifen).
③ Abb. 104, Spieß durch die Ringe schieben, um die Streifen besser bearbeiten zu können.

105

106

④ Die Teigringe wie auf den Bildern 105 und 106 formen.
Reichlich Öl in einer tiefen Pfanne erhitzen und fertig geformten Teig darin von allen Seiten goldbraun braten, abkühlen lassen und mit Puderzucker bestreuen.

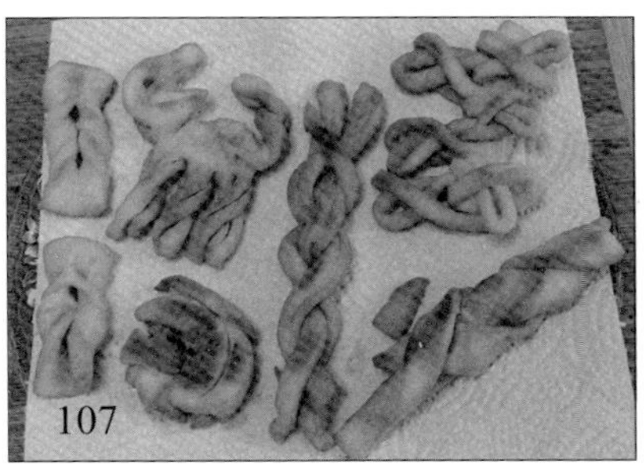
107

Süßer Joghurt

Zutaten:

2 Tassen Joghurt
2 bis 3 Esslöffel Zucker
1/4 Tasse eiskaltes Wasser

So wird es gemacht:

☺ Alle Zutaten in eine Schale geben und rühren, bis der Zucker aufgelöst ist.

❄❄❄❄❄❄❄❄❄❄

Buttertee - Po Cha

Zutaten:

250 ml Wasser
1 Teelöffel schwarzer Tee oder ein Teebeutel
2 Esslöffel Milch
1 bis 1½ Esslöffel Butter
Messerspitze Salz

So wird es gemacht:

☺ Wasser in einen Topf geben und zum Kochen bringen, Topf vom Herd nehmen, Tee dazugeben und 3 bis 4 Minuten ziehen lassen ➟ Sieb auf eine Schale geben ➟ Tee durch das Sieb geben, dann Butter und Milch dazugeben und schaumig schlagen, Prise Salz darüber streuen und heiß servieren. Während des Trinkens, den Tee ab und zu umrühren oder die Tasse schwänken, damit sich die Butter mit dem Tee mischt.

❄❄❄❄❄❄❄❄❄❄

Chai - indischer Milchtee

Zutaten:

2 Tassen Wasser
2 Teelöffel schwarzer Tee oder 2 Teebeutel
1/2 Tasse Milch
1 bis 2 Kardamomkapseln, aufschneiden und die Samen aufbewahren
1 bis 2 cm Ingwerwurzel, schälen und hacken
Zucker

So wird es gemacht:

☺ Kardamomsamen und Ingwer in einen Mörser geben und zerdrücken.

☺ Wasser in einen kleinen Topf geben, Kardamom-Ingwerpaste zum Wasser geben und zum Kochen bringen ➟ Topf vom Herd nehmen, Tee in das heiße Wasser geben und ein paar Minuten ziehen lassen, dann den Tee durch ein Sieb geben und in einer Schale auffangen ➟ Milch zum Tee geben, mit Zucker abschmecken und heiß servieren.

Vermerk:
Zum besseren Geschmack, kann ein Stück Zimt mitgekocht werden.

❈❈❈❈❈❈❈❈❈❈

Exotische Küche
Kochbücher aus dem Süden

ISBN 978-3-927459-75-5

ISBN 978-3-927459-74-8

ISBN 978-3-927459-73-1

ISBN 978-3-927459-72-4